张扬律师团队
专注企业法律服务

公民
个人信息保护
法律指南

PERSONAL
INFORMATION
PROTECTION

李梓琪 杨雪◎著

中国法制出版社
CHINA LEGAL PUBLISHING HOUSE

序

个人信息是指与特定个人相关联、反映个体特征、具有身份可识别性的数据资料，包括但不限于姓名、性别、年龄、职业、家庭、财产等信息，既涵盖直接指向个人的身份信息，也包含经过整合分析而间接指向个人的零碎信息。这些个人信息毫无疑问具有人格利益。在传统民法中，隐私权具有保护个人信息利益的制度功能，但是互联网、数据挖掘、智能算法等技术的发展，使得隐私权在个人信息利益保护方面显得捉襟见肘、力有不逮。在建设数字中国、发展数字经济的大背景下，《中华人民共和国个人信息保护法》于2021年11月1日正式施行，这是现实所需，也是大势所趋。该部法律的制定，既充分保护了个人信息所承载的人格利益，也有效发挥了个人信息的经济效益。

在移动互联网、大数据、机器智能三者叠加的新时代，公民在日常生活中难免会遇到个人信息被违法收集或违规使用、泄露等情况。公民作为信息提供者，在《个人信息保护法》的保护下，不能再仅仅是被动地接受，而是需要学习和掌握法律所赋予的权利，并了解网络平台收集个人信息的边界和义务。

为了帮助社会大众更好地理解和掌握《个人信息保护法》中的具体内容，广东诺臣律师事务所的李梓琪、杨雪两位律师通过自己日常的研习以及办理涉公民个人信息保护案件所获得的经验撰写了《公民个人信息保护法律指南》这本普法书籍，全书以案例解析的方式宣传、普及与个人信息权益相关的法律知识，通俗易懂，涉及公民日常生活中遇到的关于个人信息保护的各种热点问题。全书共分为五大部分，分别从日常个人信息保护、互联网个人信息保护、未成年人个人信息特殊保护、公民个人信息的刑事保护、公民个人信息的行政保护五个角度，对公民个人信息保护的热点问题进行法律评析，提供法律建议，可谓向社会大众提供了一份日常生活、工作中对自己个人信息加以保护的实用指引。

希望这本书能够给大家带来帮助与启发。

是为序。

中南财经政法大学文澜资深教授、

中国知识产权法学研究会名誉会长

吴汉东

二〇二二年九月

目录 Contents

第一章

日常个人信息保护

1 公民可以随意对外公开他人的个人信息吗？[①]

小南和小吕二人志趣相投，大学时就成为恋人。两人恋爱了四年，小吕认为双方结婚的计划需要提上日程了。但小吕发现小南最近鬼鬼祟祟的，就连洗澡都会把手机带进浴室，还总是避开自己回复信息。这一系列反常的行为让小吕起了疑心。

某天，小吕趁着小南熟睡，打开了他的手机，竟然发现了小南与异性同事之间的亲密聊天记录。小吕从聊天记录中得知了小南同事的真实姓名、住址、电话等个人信息。同时，小吕还用自己的手机把聊天记录等证据都拍了下来。

第二天，小吕向小南提出分手。几天后，小吕在网络上发布了有关小南与同事的故事，并配上了之前拍的照片，公开了小南同事的真实姓名、住址、电话等个人信息，导致小南同事遭到了网友的辱骂。

小南同事认为小吕未经自己同意，私自在网络上散布自己的个人信息，侵犯了自己的合法权益，遂向法院提起诉讼。

律师说法

《个人信息保护法》第二条规定："自然人的个人信息受法律保护，任何组织、个人不得侵害自然人的个人信息权益。"

个人信息是指以电子或者其他方式记录的与已识别或者可

① 本书案例所涉人名和公司名均为化名。

识别的自然人有关的各种信息，包括但不限于姓名、住址、电话等，但匿名化处理后的信息不属于个人信息。一般来说，未经他人同意，既不得随意收集、使用、加工、传输他人个人信息，也不得非法买卖、提供或者公开他人个人信息，除非是为了处理突发事件或保护公共利益。否则，就涉嫌侵害自然人的个人信息权益。

本案中，小吕未经小南同事同意，擅自将其真实姓名、住址、电话等个人信息对外公布，且未进行打码、化名等匿名化处理。小吕公开小南同事的个人信息也不是为了处理突发事件或保护公共利益，只是为了发泄自己的情绪。小吕的行为无疑侵害了小南同事的个人信息权益。

生活小贴士

1. 道德和法律不能混为一谈，维权要通过合法的途径进行，切勿在未经他人同意的情况下将涉及他人隐私的信息公开传播，不能因为个人私欲将自己由受害者变成加害者。

2. 公民个人如果因为某些原因必须公开澄清事情始末的，建议将其他当事人的信息进行匿名化处理后再发布。

3. 对个人信息的处理要遵循合法、正当、必要和诚信原则。不能为泄愤、报复等擅自公开他人个人信息，否则可能要负诽谤、侮辱等法律责任。

4. 若公民个人的隐私遭到侵犯，需要第一时间保存证据，例如通过公证处对侵权信息进行证据保全，防止证据灭失，以便在日后诉讼时能顺利举证。

法律速递

《个人信息保护法》

第二条　自然人的个人信息受法律保护，任何组织、个人不得侵害自然人的个人信息权益。

2 动物园、游乐园等是否可以强制游客使用人脸信息识别入园?

陈冰与妻子王蕾都是“动物迷”，两人非常喜欢去本市的野生动物园游玩。由于今年恰逢野生动物园建园 20 周年，所以野生动物园推出了“畅游 365 天”双人年卡套餐。陈冰与王蕾知道后立刻去办理了该套餐。办理套餐时，野生动物园要求陈冰与王蕾提供姓名、身份证号码、电话号码、指纹、照片等个人信息。陈冰当场质疑了办理年卡需要指纹及照片的合理性。但是考虑到排队入园的人很多，陈冰与王蕾最终还是按照野生动物园的要求留存了指纹、照片等个人信息，并确定了指纹识别入园方式。

几个月后，陈冰与王蕾收到野生动物园的短信，通知年卡入园识别系统更换事宜，要求激活人脸识别系统，否则将无法正常入园。陈冰与王蕾认为人脸信息属于高度敏感的个人信息，不同意接受人脸识别入园方式，遂要求园方退卡。园方表示陈冰与王蕾的情况不符合退卡的情形，拒绝退卡，并在未经陈冰和王蕾同意的情况下，擅自将陈冰与王蕾年卡的入园方式升级为人脸识别方式。

陈冰与王蕾认为既然退卡未果，就不会影响年卡使用。然而，陈冰与王蕾再一次去野生动物园游玩时却发现自己仅凭人脸识别即可入园，其年卡的入园方式早已被更换为人脸识别。陈冰与王蕾非常愤怒，认为野生动物园未经同意擅自使用其留存的人脸信息属于侵犯个人隐私，遂向法院提起诉讼。

律师说法

近年来，我国的人脸识别技术发展迅速，人脸识别作为新兴的身份认证手段，得到了不少动物园、游乐园等商家组织的应用推广。人脸识别技术主要通过比对人脸信息识别人的身份，而人脸信息属于生物识别信息，生物识别信息作为敏感的个人信息，深度体现自然人的生理和行为特征，具有较强的人格属性，一旦被泄露或者非法使用，可能导致公民的人身、财产安全受到危害。因此，应当更加谨慎处理和严格保护人脸信息等敏感的个人信息。

《个人信息保护法》第十四条规定:“基于个人同意处理个人信息的，该同意应当由个人在充分知情的前提下自愿、明确作出。法律、行政法规规定处理个人信息应当取得个人单独同意或者书面同意的，从其规定。个人信息的处理目的、处理方式和处理的个人信息种类发生变更的，应当重新取得个人同意。”

本案中，陈冰与王蕾在办理年卡时同意提供照片等信息，是为了配合办理年卡，其不知道野生动物园后续会将照片等信息用于人脸识别，也不应视为其同意野生动物园将照片用于人脸识别。野生动物园要求陈冰与王蕾激活人脸识别，实际上是欲利用收集的照片扩大信息处理范围，更改个人信息的处理目的，理应再次征得陈冰与王蕾的同意。而野生动物园在未经陈冰与王蕾同意的情况下，擅自将入园方式由得到陈冰与王蕾许可的指纹识别更改为人脸识别，这一使用行为超出之前收集人脸信息的使用目的，不仅侵害陈冰与王蕾的个人权益，还严重违反法律规定。

除此之外，《消费者权益保护法》对于经营者收集、使用消费者的个人信息也作了相关规定。经营者在收集、使用消费者的个人信息时，尤其是生物识别信息时，应当遵循“合法、正当、必要”的原则，谨慎对待，明示收集、使用信息的目的、方式和范围，并需要得到消费者的同意。且经营者应当公开其收集、使用消费者个人信息的规则，不得违反法律、法规的规定和双方的约定收集、使用信息。

生活小贴士

1. 个人信息处理者在收集个人信息时未明确收集、使用信息的目的、方式和范围的，公民有权拒绝提供个人信息，个人信息处理者不得强制公民提供。

2. 若公民发现个人信息处理者未经本人同意，违反法律、行政法规的规定或者双方的约定处理其个人信息的，有权请求个人信息处理者停止使用并及时删除个人信息。

法律速递

《个人信息保护法》

第十四条　基于个人同意处理个人信息的，该同意应当由个人在充分知情的前提下自愿、明确作出。法律、行政法规规定处理个人信息应当取得个人单独同意或者书面同意的，从其规定。

个人信息的处理目的、处理方式和处理的个人信息种类发生变更的，应当重新取得个人同意。

《消费者权益保护法》

第二十九条第一款　经营者收集、使用消费者个人信息，应当遵循合法、正当、必要的原则，明示收集、使用信息的目的、方式和范围，并经消费者同意。经营者收集、使用消费者个人信息，应当公开其收集、使用规则，不得违反法律、法规的规定和双方的约定收集、使用信息。

3 办公室指纹及人脸识别打卡是否应征得劳动者同意？

马晓涛在某科技公司工作数十年，科技公司一直以纸质签名的方式对员工进行考勤。今年，科技公司自行研发了一个“面部识别签到系统”。为了测试该系统的功能，科技公司要求公司员工改用此系统进行考勤打卡。科技公司以公告的形式向员工告知此事，同时征询员工对于这项举措的意见。

马晓涛看到公告后立即向人事部门进行反馈，表达自己的不满。马晓涛认为，“面部识别签到系统”需收集和使用人脸信息等生物识别数据，担心系统在个人信息安全方面存在隐患，容易导致个人信息的泄露。因此，马晓涛拒绝使用该系统进行考勤打卡。

然而，科技公司无视马晓涛的意见，仍旧启用了“面部识别签到系统”，并废除了纸质签名考勤的方式。而此时马晓涛正好在休假。待马晓涛休假完毕，回到工作岗位时，发现科技公司已经采用“面部识别签到系统”进行考勤，还要求马晓涛录入人脸信息。马晓涛非常愤怒，拒绝使用“面部识别签到系统”，并请求像之前一样采取纸质签名的方式进行考勤。科技公司则告知马晓涛采用“面部识别签到系统”进行考勤是公司新的规章制度，若马晓涛不愿意遵循，公司只能解雇马晓涛。

第二天，马晓涛仍然拒绝使用“面部识别签到系统”进行考勤打卡，科技公司便向马晓涛送达了解雇通知书。马晓涛认为科技公司未经同意，利用“面部识别签到系统”收集员工的人脸信息属于违法行为，于是向法院提起诉讼。

律师说法

随着信息技术的快速发展，越来越多的企业选择应用“面部识别签到系统”等电子工具进行人力资源管理，而电子工具的使用一般需要收集员工的个人信息，包括但不限于人脸信息、指纹信息等。因此，在电子工具被大量投入使用的背景下，员工应如何保护自己的个人信息成为一项亟须关注和解决的问题。

根据《个人信息保护法》第十三条的规定，个人信息处理者需在取得个人的同意后方可处理个人信息。本案中，科技公司欲通过“面部识别签到系统”收集和使用马晓涛的人脸信息进行考勤，本应先获得马晓涛的同意。而科技公司在马晓涛已经明确拒绝使用“面部识别签到系统”进行考勤的情况下，以解雇威胁马晓涛，强制马晓涛提供个人信息的行为，属于违法行为，马晓涛有权拒绝。

人脸、指纹等信息属于敏感的个人信息，需要收集和使用的，需先获得个人的同意。企业在人力资源管理的过程中需要收集和使用员工的个人信息的，也需遵循此原则。企业需提前告知员工收集、使用个人信息的目的、方式和范围，以及存储时间等规则，并征得员工的同意。如果员工明确表示不愿意提供的，企业也不得采取解雇、打压报复等不公平对待的行为。

除此之外，企业应妥善保管已收集到的员工个人信息，不得非法加工、传输、买卖、提供或者公开员工个人信息，确保个人信息贮存环境的安全。一旦员工个人信息经企业处泄露或被企业非法使用，员工有权要求企业承担因此造成的损失。

生活小贴士

员工若不愿意提供指纹或人脸等生物信息用于考勤的，建议企业做好内部的个人信息保障工作并与员工进行充分协商，向员工解释企业的个人信息安全保障措施，让员工放心；同时企业也可以考虑使用其他可替代的方式（例如网络平台打卡、打卡机打卡等）进行考勤管理。

法律速递

《个人信息保护法》

第十三条　符合下列情形之一的，个人信息处理者方可处理个人信息：

……

（二）为订立、履行个人作为一方当事人的合同所必需，或者按照依法制定的劳动规章制度和依法签订的集体合同实施人力资源管理所必需；

……

依照本法其他有关规定，处理个人信息应当取得个人同意，但是有前款第二项至第七项规定情形的，不需取得个人同意。

4 办公室监控视频无死角，是否侵犯员工的个人信息权益？

为了监督员工有秩序工作以及在处理员工纠纷时有迹可循，A公司通知员工最近会在办公室内安装4个摄像头，监控范围将会360°无死角涵盖整个办公室。员工在办公室吃东西、打闹等情形在老板眼中都一览无余。

某天，老板在监控中发现员工小周和小叶交往过密，声称二人违反了公司禁止办公室恋爱的规定，将二人解聘，之后，还将二人在监控中的画面截屏，放在公司公示的网站上，以达到“杀鸡儆猴”的目的。该消息很快在公司传播开来。

小周和小叶两人看到照片后，感到非常愤怒，认为老板对外公开的监控画面暴露了两人的脸部信息，侵害两人的合法权益。

公司则认为小周和小叶的行为违反了公司的规章制度，公司作为管理者有权依照公司的规章制度对员工进行处分，公司的行为并不违法。小周和小叶因此与公司闹上了法庭，希望通过法律途径寻求帮助。

律师说法

大数据时代，相信很多人对于随处可见的摄像头已经见怪不怪，但随处可见的摄像头是否合法呢？

《个人信息保护法》第二十六条规定："在公共场所安装图像采集、个人身份识别设备，应当为维护公共安全所必需，遵守国家有关规定，并设置显著的提示标识。所收集的个人图像、身份识别信息只能用于维护公共安全的目的，不得用于其他目的；取得个人单独同意的除外。"可以看出，在公共场合安装监控必须出于维护公共安全的目的。对采集到的信息进行处理则要告知本人。

本案中，A公司称为了维护工作秩序安装了摄像头，并将此事告知员工，该举动符合法律规定。但问题出在后续的处理上，公司没有通知小周和小叶要对监控内容进行公开，就将清晰录有员工脸部的内容进行截屏在公司内网上公布，并造成了照片的大肆传播。显然，小周和小叶违反公司规章制度进行办公室恋爱已经受到了处理，公司没有必要也没有理由公开监控截屏。而且公司公布监控内容也不是出于维护公共安全的目的，而是为了“杀鸡儆猴”。公司的做法毋庸置疑是违反法律规定的。

因此，公司等个人信息处理者如果需要对采集到的个人信息进行处理，必须提前以显著方式、清晰易懂的语言，真实、准确、完整地向个人告知处理者的名称、联系方式，以及处理目的、方式、种类和保存期限，擅自公开已收集的个人信息会涉嫌侵害他人的合法权益。

生活小贴士

1. 公司在办公室安装监控必须是出于维护公共安全的目的，且应以显著的方式告知员工。

2. 公司安装监控采集到的信息，除涉及公共安全外，不能另作他用。如出于维护公共安全之外的目的需要对采集到的个人信息进行处理，必须得到本人同意。

3. 对于员工来说，如果公司未先行告知就在办公室内安装监控，并且未经本人同意对监控采集到的个人信息进行处理，属于侵犯个人信息的行为，可以通过法律途径进行维权。

法律速递

《个人信息保护法》

第二十六条　在公共场所安装图像采集、个人身份识别设备，应当为维护公共安全所必需，遵守国家有关规定，并设置显著的提示标识。所收集的个人图像、身份识别信息只能用于维护公共安全的目的，不得用于其他目的；取得个人单独同意的除外。

5 员工银行流水，公司可以说查就查吗？

李明曾经是美丽文化公司的员工。因美丽文化公司拖欠李明劳动报酬，李明多次与公司协商无果，无奈之下，李明只能向劳动争议仲裁委员会提起劳动仲裁。与此同时，美丽文化公司也因与李明存在其他经济合同纠纷，向甲市仲裁委员会提起商事仲裁，要求李明赔偿美丽文化公司经济损失200万元。而后，李明收到甲市仲裁委员会邮寄的案件材料，惊讶地发现，案件材料里面竟然有自己过往两年在思明银行的个人银行账户交易明细。

李明深感不解，美丽文化公司在未取得本人授权的情况下，为何可以获取自己的个人银行账户交易信息呢？难道公司可以随时调取员工的个人银行账户明细吗？于是，李明通过电话联系了思明银行进行核实，思明银行给出的回复是："这是配合大客户的要求。"

李明认为，美丽文化公司和思明银行的行为侵犯了自己的合法权益。于是，李明委托了律师事务所，分别向美丽文化公司和思明银行寄发《律师函》，要求其立刻停止违法行为，并对违法行为导致的经济损失予以全额赔偿，同时在公开媒体上赔礼道歉。

律师说法

在公司经营管理的过程中，员工个人信息保护贯穿始终。员工的入职调查、在职管理、劳动纠纷等各个方面均与员工个人信息保护息息相关。随着《个人信息保护法》的颁布和实施，员工个人信息保护问题在公司经营管理中的重要程度得到显著提升。因此，对公司而言，正确识别和合规处理员工的个人信息，尤其是员工个人银行账户交易明细等个人金融信息，更显得尤为重要。

《个人信息保护法》第二十八条规定："敏感个人信息是一旦泄露或者非法使用，容易导致自然人的人格尊严受到侵害或者人身、财产安全受到危害的个人信息，包括生物识别、宗教信仰、特定身份、医疗健康、金融账户、行踪轨迹等信息，以及不满十四周岁未成年人的个人信息。只有在具有特定的目的和充分的必要性，并采取严格保护措施的情形下，个人信息处理者方可处理敏感个人信息。"个人银行账户交易明细，不仅属于个人信息，而且属于敏感个人信息。

针对敏感个人信息的处理，《个人信息保护法》提出了更高的要求，规定了专门的处理规则。《个人信息保护法》第二十九条规定："处理敏感个人信息应当取得个人的单独同意；法律、行政法规规定处理敏感个人信息应当取得书面同意的，从其规定。"这意味着敏感个人信息的处理应当取得个人的单独同意；概括同意或推定同意的授权模式系为法律所禁止。

同时，《商业银行法》第二十九条规定："商业银行办理个人储蓄存款业务，应当遵循存款自愿、取款自由、存款有息、为存款人保密的原则。对个人储蓄存款，商业银行有权拒绝任何单位或者个人查询、冻结、扣划，但法律另有规定的除外。"

本案中，思明银行向美丽文化公司提供的李明近两年内的个人银行账户交易明细，属于李明的敏感个人信息。即使美丽文化公司与思明银行存在代为发放工资的委托合同关系，美丽文化公司也仅就公司对李明的工资支付明细享有知情权。因此，无论李明与美丽文化公司的劳动合同是否解除，思明银行在未取得李明的授权且未经任何司法机关合法调查程序的情况下，向第三方美丽文化公司提供李明个人银行账户交易明细，都违反了《个人信息保护法》中关于个人信息保护的相关规定以及《商业银行法》中关于为存款人保密的相关原则，同时严重侵害了金融消费者的信息安全，损害了金融消费者的合法权益。

最终，银保监会以思明银行对客户信息保护机制不健全、敏感信息管理不善等违法违规案由，对思明银行作出罚款300万元的行政处罚决定。

生活小贴士

1. 作为员工，应当增强法律意识，如发现公司在未取得本人授权的情况下，擅自查询个人银行账户交易明细等敏感个人信息，可以通过法律途径，如委托律师签发律师函、提起诉讼等，要求公司和金融机构停止侵权、赔礼道歉、赔偿损失。

2. 对于金融机构在未经本人授权的情况下，擅自向第三方提供个人银行账户交易信息的行为，消费者可以向相关主管部门投诉，比如要求银保监会对相关的金融机构进行立案处理。

法律速递

《个人信息保护法》

第二十八条　敏感个人信息是一旦泄露或者非法使用，容易导致自然人的人格尊严受到侵害或者人身、财产安全受到危害的个人信息，包括生物识别、宗教信仰、特定身份、医疗健康、金融账户、行踪轨迹等信息，以及不满十四周岁未成年人的个人信息。

只有在具有特定的目的和充分的必要性，并采取严格保护措施的情形下，个人信息处理者方可处理敏感个人信息。

第二十九条　处理敏感个人信息应当取得个人的单独同意；法律、行政法规规定处理敏感个人信息应当取得书面同意的，从其规定。

《商业银行法》

第二十九条　商业银行办理个人储蓄存款业务，应当遵循存款自愿、取款自由、存款有息、为存款人保密的原则。

对个人储蓄存款，商业银行有权拒绝任何单位或者个人查询、冻结、扣划，但法律另有规定的除外。

6 公共场合酒后失言被偷拍，偷拍者是否侵权？

陈明是某知名网络公司的技术人员。因工作压力大，某日与同事聚餐时，他在餐厅饭桌上酒后失言，倾吐了一些对公司以及上司不满的言论，被一起就餐的同事李强偷拍下来，并上传至部门的同事微信群，其他同事看后纷纷互相转发，一时之间视频流传至公司各个部门的同事微信群。陈明在视频事件发酵后，向公司递交了辞职信，从公司辞职。

陈明辞职后对此事感到愤愤不平，认为虽然是饭桌上的个人酒后言论，但是视频中涉及个人信息甚至涉及自己不愿被他人知晓的私密信息。同事李强未经本人同意，偷拍自己酒后失言的视频，并将该视频上传到同事微信群，侵害了自己的权益，于是想要联系律师起诉李强。

律师说法

在私人聚会中，酒桌上的言论大多是朋友之间的随口谈论。但是部分内容可能涉及私密话题，此时被有心人士偷拍下来并将视频发布网络，是否侵犯当事人的权益？

《个人信息保护法》第四条第一款规定：“个人信息是以电子或者其他方式记录的与已识别或者可识别的自然人有关的各种信息，不包括匿名化处理后的信息。”陈明在饭桌上酒后失言的视频中包含陈明的肖像、姓名等与陈明有关的各种信息，属于陈明的个人信息。同时，《个人信息保护法》第十条规定：“任何组织、个人不得非法收集、使用、加工、传输他人个人信息，不得非法买卖、提供或者公开他人个人信息；不得从事危害国家安全、公共利益的个人信息处理活动。”同事李强未经陈明的同意，私自偷拍包含陈明个人信息的视频并发送至同事微信群，应属于泄露陈明个人信息的行为。

但是个人信息并不完全等同于个人隐私。在个人住宅、私人场所等空间的个人信息，可能涉及个人隐私，但在公共场合的个人言论是否涉及个人隐私，则要取决于个人言论的内容。《民法典》第一千零三十二条规定：“自然人享有隐私权。任何组织或者个人不得以刺探、侵扰、泄露、公开等方式侵害他人的隐私权。隐私是自然人的私人生活安宁和不愿为他人知晓的私密空间、私密活动、私密信息。”餐厅属于公共场合，如果发表的言论内容包含不愿被公众知悉的且与公共利益无涉的私密信息，可以认为属于个人隐私。《民法典》第一千零三十三条规定：“除法律另有规定或者权利人明确同意外，任何组织或者个人不得实施下列行为：(一)以电话、短信、即时通讯工具、电子邮件、传单等方式侵扰他人的私人生活安宁；(二)进入、拍摄、窥视他人的住宅、宾馆房间等私密空间；(三)拍摄、窥视、窃听、公开他人的私密活动；(四)拍摄、窥视他人身体的私密部位；(五)处理他人的私密信息；(六)以其他方式侵害他人的隐私权。”所以，如果一般人在饭桌上的言论包含个人隐私的内容，偷拍者的行为也就有可能被视为侵犯隐私权的行为。

本案中，虽然陈明酒后失态，但是同事李强在未取得陈明同意的情况下，将视频发布在网络上，属于违法泄露陈明的个人信息。在被公开的视频里，陈明的言论中宣泄了一些不愿为饭桌以外的他人所知晓的个人情绪，而陈明的情绪表达中不存在违反公序良俗和社会道德的内容。因此李强的行为属于“拍摄、窥视、窃听、公开他人的私密活动”，可认定为侵犯了陈明的隐私权。

生活小贴士

1. 日常生活中，每个人都需要强化自身的法律意识。在餐厅、公共汽车等各种公共场合上，要注意保护自己的个人信息及个人隐私，即使是在和同事、朋友的聚会上，也应谨防涉及个人信息和隐私的相关视频被偷拍并传播至网络上。

2. 若个人的视频在未经自己许可的情况下被他人传播到网上，应第一时间保存证据，可以联系公证处进行证据保全，为日后起诉侵权人做好准备。

3. 即使被拍摄者是自己的同事、朋友，在未取得被拍摄者本人同意的情况下，也不可随意进行拍摄，更不可随意将视频在网络上进行传播，以防视频内容涉及他人的个人信息甚至个人隐私，从而侵害他人的个人信息权益或隐私权，因无心之举引发法律风险。

法律速递

《民法典》

第一千零三十二条　自然人享有隐私权。任何组织或者个人不得以刺探、侵扰、泄露、公开等方式侵害他人的隐私权。

隐私是自然人的私人生活安宁和不愿为他人知晓的私密空间、私密活动、私密信息。

第一千零三十三条　除法律另有规定或者权利人明确同意外，任何组织或者个人不得实施下列行为：

（一）以电话、短信、即时通讯工具、电子邮件、传单等方式侵扰他人的私人生活安宁；

（二）进入、拍摄、窥视他人的住宅、宾馆房间等私密空间；

（三）拍摄、窥视、窃听、公开他人的私密活动；

（四）拍摄、窥视他人身体的私密部位；

（五）处理他人的私密信息；

（六）以其他方式侵害他人的隐私权。

《个人信息保护法》

第四条　个人信息是以电子或者其他方式记录的与已识别或者可识别的自然人有关的各种信息，不包括匿名化处理后的信息。

个人信息的处理包括个人信息的收集、存储、使用、加工、传输、提供、公开、删除等。

第十条　任何组织、个人不得非法收集、使用、加工、传输他人个人信息，不得非法买卖、提供或者公开他人个人信息；不得从事危害国家安全、公共利益的个人信息处理活动。

7 企业能否将员工的个人信息跨境传输？

陈红是中国境内一家日资企业的HR。根据日本母公司的要求，每当中国境内的子公司有新员工入职时，人力资源部都需要将新员工的姓名、年龄、教育背景、工作履历等个人信息传输至母公司留存归档。近期，随着《个人信息保护法》的最新实施，陈红对将员工个人信息传输至母公司的行为是否侵犯员工的个人信息权益产生了疑惑。于是，陈红就该问题咨询了公司的法律顾问。

律师说法

随着数字经济的全球化发展，数据跨境流动越发频繁。对跨国公司而言，位于中国境内的子公司出于集团整体人力资源管理的需要，经常将中国员工的个人信息同步给境外母公司。一般情况下，员工入职时向企业提交的个人信息，可能涉及姓名、身份证号、性别、出生年月、学历、工作经历、家庭住址、个人技能等，甚至涉及其家庭成员的相关信息。

《劳动合同法》第八条规定，用人单位有权了解劳动者与劳动合同直接相关的基本情况，劳动者应当如实说明。该条款明确赋予了用人单位对与劳动合同相关的员工信息的知情权。同时，根据《个人信息保护法》第十三条的规定，为订立、履行个人作为一方当事人的合同所必需，或者按照依法制定的劳动规章制度和依法签订的集体合同实施人力资源管理所必需，个人信息处理者方可处理个人信息。因此，企业作为用人单位，处理员工个人信息具有合法性基础。

但企业需要明确的是，即使企业具备处理员工个人信息的合法性基础，其在向境外母公司传输员工的个人信息时，亦应该严格遵守《个人信息保护法》关于个人信息跨境传输提供的规制，确保员工个人信息的跨境传输符合《个人信息保护法》第三十八条规定的条件；同时企业作为个人信息处理者，应当采取必要措施，保障境外接收方处理个人信息的活动达到法定的个人信息保护标准。

《个人信息保护法》第三十九条规定："个人信息处理者向中华人民共和国境外提供个人信息的，应当向个人告知境外接收方的名称或者姓名、联系方式、处理目的、处理方式、个人信息的种类以及个人向境外接收方行使本法规定权利的方式和程序等事项，并取得个人的单独同意。"

因此，向中国境外提供员工个人信息必须满足法定条件，如通过有权机构的评估认证、与境外接收方签订标准合同等。此外，向境外提供员工个人信息必须依照法律的要求向员工充分告知相关事项（如境外接收方的名称、联系方式、处理目的等），并取得员工的单独同意。企业在向境外母公司传输员工的个人信息时应尽量简化，传输的员工个人信息应仅限于与集团人力资源统一管理目的最直接相关的个人基本信息，如劳动者的姓名、性别、年龄、教育背景、工作履历等。同时，根据不同行业的不同需要，可在最小的必要范围内传输除上述基本信息以外的其他个人信息。但所有个人信息的跨境传输均需取得员工的书面同意。

生活小贴士

1. 外资企业在招聘员工时，可事先在劳动合同中加入相关条款，明确约定员工同意企业为了经营管理的需要将其个人信息在必要的范围内提供给境外母公司。对于既有的员工，可在劳动合同续期时加入该条款，或者单独签署书面的同意书。

2. 除此之外，境内企业可通过与境外母公司签订合同，约定双方的权利义务，确保境外母公司在处理境内员工的个人信息时符合中国境内关于个人信息保护的法定标准。

法律速递

《个人信息保护法》

第十三条　符合下列情形之一的，个人信息处理者方可处理个人信息：

（一）取得个人的同意；

（二）为订立、履行个人作为一方当事人的合同所必需，或者按照依法制定的劳动规章制度和依法签订的集体合同实施人力资源管理所必需；

（三）为履行法定职责或者法定义务所必需；

（四）为应对突发公共卫生事件，或者紧急情况下为保护自然人的生命健康和财产安全所必需；

（五）为公共利益实施新闻报道、舆论监督等行为，在合理的范围内处理个人信息；

（六）依照本法规定在合理的范围内处理个人自行公开或者其他已经合法公开的个人信息；

（七）法律、行政法规规定的其他情形。

依照本法其他有关规定，处理个人信息应当取得个人同意，但是有前款第二项至第七项规定情形的，不需取得个人同意。

第三十八条　个人信息处理者因业务等需要，确需向中华人民共和国境外提供个人信息的，应当具备下列条件之一：

（一）依照本法第四十条的规定通过国家网信部门组织的安全评估；

（二）按照国家网信部门的规定经专业机构进行个人信息保护认证；

（三）按照国家网信部门制定的标准合同与境外接收方订立合同，约定双方的权利和义务；

（四）法律、行政法规或者国家网信部门规定的其他条件。

中华人民共和国缔结或者参加的国际条约、协定对向中华人民共和国境外提供个人信息的条件等有规定的，可以按照其规定执行。

个人信息处理者应当采取必要措施，保障境外接收方处理个人信息的活动达到本法规定的个人信息保护标准。

第三十九条　个人信息处理者向中华人民共和国境外提供个人信息的，应当向个人告知境外接收方的名称或者姓名、联系方式、处理目的、处理方式、个人信息的种类以及个人向境外接收方行使本法规定权利的方式和程序等事项，并取得个人的单独同意。

《劳动合同法》

第八条　用人单位招用劳动者时，应当如实告知劳动者工作内容、工作条件、工作地点、职业危害、安全生产状况、劳动报酬，以及劳动者要求了解的其他情况；用人单位有权了解劳动者与劳动合同直接相关的基本情况，劳动者应当如实说明。

8 死者的个人信息，其近亲属能否处理？

小敏是某农业大学的准毕业生，因为生性内向，与舍友之间的关系一直不太和谐，因为临近毕业的压力，患上了重度抑郁症。令人遗憾的是，这个20岁的花季少女选择在一天晚上结束了自己的生命。

小敏去世后，其亲人发现，小敏因为精神压抑在社交平台上发表了许多负面极端的言论，甚至还在相关文章中提到了自己的名字和所读学校。这也使得小敏的离世被素未谋面的外人议论纷纷，引发了诸多猜测。

小敏的母亲张女士不堪其扰，想登录小敏的社交账号删除部分负面信息并发布澄清公告，希望能让小敏安静地离去，可无论如何也找不到小敏的密码，无奈找到社交平台负责人沟通。

作为死者的家属，是否有权利登录死者的社交账号进行相关操作呢？

律师说法

《民法典》中对死者的利益有专门条款进行保护，其第九百九十四条规定：“死者的姓名、肖像、名誉、荣誉、隐私、遗体等受到侵害的，其配偶、子女、父母有权依法请求行为人承担民事责任；死者没有配偶、子女且父母已经死亡的，其他近亲属有权依法请求行为人承担民事责任。”《民法典》的这条规定主要针对事后救济，明确了当死者的权益遭到侵害时谁有权维护死者权益的问题。

而《个人信息保护法》则为死者权益的保护提供了一种更加积极主动的途径，该法第四十九条规定：“自然人死亡的，其近亲属为了自身的合法、正当利益，可以对死者的相关个人信息行使本章规定的查阅、复制、更正、删除等权利；死者生前另有安排的除外。”

在本案中，张女士作为死者小敏的母亲，因为女儿的离世本就备受折磨。加上小敏在社交平台的发言，外人对张女士一家的流言蜚语愈演愈烈。即使是仅针对小敏个人的讨论，也伤害到了张女士作为母亲的情感。为了让女儿不被外界过度解读，也为了保护自己一家人的私人生活安宁，张女士想删除相关信息是人之常情，是完全可以理解的合法的、正当的要求。张女士仅打算对含有小敏个人信息的文章进行删除处理，而这些内容正是让张女士一家备受误解的源头；另外，也没有任何证据表明小敏生前对自己的个人信息另有安排。

据此，作为近亲属，为维护个人情感和私人生活安宁，张女士有权利对相关内容行使删除权。

生活小贴士

除非死者生前另有安排，否则死者的个人信息可以由自己的近亲属进行处置。因此个人信息也与财产一样，可以在生前进行特别的安排。若个人对自己的个人信息在死亡后有特殊安排的，需要在遗嘱中予以明确。

法律速递

《民法典》

第九百九十四条　死者的姓名、肖像、名誉、荣誉、隐私、遗体等受到侵害的，其配偶、子女、父母有权依法请求行为人承担民事责任；死者没有配偶、子女且父母已经死亡的，其他近亲属有权依法请求行为人承担民事责任。

《个人信息保护法》

第四十九条　自然人死亡的，其近亲属为了自身的合法、正当利益，可以对死者的相关个人信息行使本章规定的查阅、复制、更正、删除等权利；死者生前另有安排的除外。

9 个人信息被侵犯可以要求精神损害赔偿吗？

柯小姐是某公司的业务人员，近期准备前往广州与客户洽谈业务，便委托其助理小赵通过旅程网站购买飞天航空公司的机票。小赵按照网站指示填写好柯小姐的个人信息并购买了机票。

当天下午，柯小姐收到了一条诈骗短信，短信内容中准确地显示了其待乘航班的起飞时间、降落时间、机场名称及航班号等信息。柯小姐认为自己的确切航班信息只有旅程网站和飞天航空公司掌握，自己也从未授权其他网站获取该信息，因此断定旅程网站和飞天航空公司未经允许向第三方泄露了她的个人信息。

于是，柯小姐以二者泄露其个人信息且侵犯其隐私权为由诉至法院，请求判令旅程网站和飞天航空公司在各自官网向其公开赔礼道歉，并赔偿精神损害赔偿金2000元。

旅程网站主张其仅为第三方网络交易平台，在本次机票订单中并未直接获取柯小姐的手机号码，且旅程网站也已经向其发送了谨防诈骗短信，尽到了提示义务，认为自己不应当承担该责任。飞天航空公司则主张自己是通过其他服务信息平台提供订票系统服务的，乘客的订票信息不会存储在飞天航空公司的系统中。

律师说法

《民法典》第一千一百八十三条第一款规定："侵害自然人人身权益造成严重精神损害的，被侵权人有权请求精神损害赔偿。"公民的个人信息权益属于公民受保护的权益之一。侵害公民个人信息权益的行为经常与侵害公民的人格权、名誉权、隐私权等人身权益的行为相竞合，而侵害公民人身权益造成严重精神损害的，被侵权的公民有权请求精神损害赔偿。

本案中，柯小姐因为购买机票向旅程网站和飞天航空公司提供了包括但不限于姓名、身份证号码、住址等个人信息，却因为旅程网站和飞天航空公司未尽到个人信息处理者应尽的妥善保管义务而遭信息泄露，导致柯小姐的个人信息权益遭不法分子侵害，同时也侵犯了柯小姐的隐私权，对其造成了严重的精神损害，柯小姐有权向旅程网站和飞天航空公司请求精神损害赔偿。

同时，《个人信息保护法》第六十九条第一款规定："处理个人信息侵害个人信息权益造成损害，个人信息处理者不能证明自己没有过错的，应当承担损害赔偿等侵权责任。”

本案中，柯小姐因为在旅程网站和飞天航空公司购买机票导致个人信息泄露，而旅程网站和飞天航空公司作为柯小姐个人信息的处理者，又无法证明自己已尽到妥善保管义务，其行为存在过错，所以旅程网站和飞天航空公司应承担损害赔偿等侵权责任。

虽然柯小姐有权要求旅程网站和飞天航空公司承担损害赔偿等侵权责任，但根据《个人信息保护法》第六十九条第二款的规定，损害赔偿责任按照个人因此受到的损失或者个人信息处理者因此获得的利益确定；个人因此受到的损失和个人信息处理者因此获得的利益难以确定的，根据实际情况确定赔偿数额。即如果旅程网站和飞天航空公司因为柯小姐的个人信息获得利益，则柯小姐可获得的损害赔偿以该利益为准；如果旅程网站和飞天航空公司因此获得的利益难以确定的，则需要根据实际情况确定赔偿数额。所以，即使柯小姐起诉要求赔偿精神损害赔偿金2000元，法院也有可能根据实际情况对数额进行调整。

生活小贴士

1. 对于生活中涉及授权个人信息的行为，最好不要委托他人代为办理。除此之外，若能直接与对方平台办理业务，就应尽量避免第三方平台的介入，以免增加个人信息泄露的风险。

2. 注意保存个人信息权益遭侵害的证据，如因此收到的骚扰电话、短信的记录等。

法律速递

《民法典》

第一千一百八十三条第一款　侵害自然人人身权益造成严重精神损害的，被侵权人有权请求精神损害赔偿。

《个人信息保护法》

第六十九条　处理个人信息侵害个人信息权益造成损害，个人信息处理者不能证明自己没有过错的，应当承担损害赔偿等侵权责任。

前款规定的损害赔偿责任按照个人因此受到的损失或者个人信息处理者因此获得的利益确定；个人因此受到的损失和个人信息处理者因此获得的利益难以确定的，根据实际情况确定赔偿数额。

10 公司能否强制要求员工上报自己与同事、上下级之间的亲密关系？

小婷是A公司采购部门的一名员工。近年来，A公司时常发生同事之间或上下级之间因存在亲密关系而导致利益冲突或损害公司利益的情况。为此，A公司在2021年6月发布了一则通知，要求公司全体员工若与同事或上下级存在亲密关系的，应当在发布通知之日起10日内主动申报，并向员工发送申报表文件要求填写，逾期不填写的或虚假填写信息的，公司将进行解雇处理。

小婷在2021年年初与公司另一部门同事因相识熟悉后成为男女朋友关系，按照公司发布的通知要求，小婷和她的男朋友需要向公司主动申报关系，但是小婷认为自己与谁谈恋爱是自己的隐私，没有义务告知，公司也不能强制要求自己填写申报表。

律师说法

《民法典》第一千零三十二条规定："自然人享有隐私权。任何组织或者个人不得以刺探、侵扰、泄露、公开等方式侵害他人的隐私权。隐私是自然人的私人生活安宁和不愿为他人知晓的私密空间、私密活动、私密信息。"员工与他人的亲密关系一般属于不愿为他人知晓的亲密信息，因此员工与他人的亲密关系属于个人隐私，受法律保护。

《个人信息保护法》第十三条规定，个人信息处理者为订立、履行个人作为一方当事人的合同所必需，或者按照依法制定的劳动规章制度和依法签订的集体合同实施人力资源管理所必需时，可以收集个人信息而不需取得个人同意。

本案中，公司要求员工如实上报的与同事的亲密关系，并非与劳动合同直接相关的基本情况，并非实施人力资源管理所必需的信息。员工如果不愿为他人知晓的，公司也不能强制其上报，公司不能以员工拒绝申报为由对员工进行解雇。在员工利用其与他人的亲密关系为自己牟取私利且造成公司损害时，公司才可以以此向员工追责，否则属于侵犯员工的个人隐私和个人信息权益。

生活小贴士

1. 员工有隐私权和个人信息权益，可以拒绝配合公司过度收集员工与履行劳动合同无关的个人信息。如果员工因拒绝配合公司过度收集个人信息而遭到解雇，可以提起劳动仲裁要求公司支付违法解除劳动合同赔偿金。

2. 公司可以要求员工之间建立恋爱关系的自愿、主动上报，方便公司根据岗位之间的利益关系作出调整，同时还可以考虑与员工签订《保密及防止商业贿赂协议》等文件，明确约定员工不得利用职务之便，为自己或与其存在亲密关系的他人牟取私利或实行其他损害公司利益的行为，否则公司有权对其进行解雇处理并要求其赔偿因此造成的全部损失。

3. 虽然公司不得强制员工上报与他人的亲密关系，但是若员工利用员工之间的亲密关系为自己牟取私利或实施其他有损用人单位利益行为，公司仍然可以向其进行追责。所以在日常工作中，员工需注意，虽然亲密关系是自己的隐私，有权不对外透露，但不得借助与同事、上下级之间的亲密关系进行违法活动。

法律速递

《民法典》

第一千零三十二条　自然人享有隐私权。任何组织或者个人不得以刺探、侵扰、泄露、公开等方式侵害他人的隐私权。

隐私是自然人的私人生活安宁和不愿为他人知晓的私密空间、私密活动、私密信息。

《个人信息保护法》

第十三条　符合下列情形之一的，个人信息处理者方可处理个人信息：

……

（二）为订立、履行个人作为一方当事人的合同所必需，或者按照依法制定的劳动规章制度和依法签订的集体合同实施人力资源管理所必需；

……

依照本法其他有关规定，处理个人信息应当取得个人同意，但是有前款第二项至第七项规定情形的，不需取得个人同意。

11 小区更换物业后，对前物业收集的个人信息可否沿用？

梁斌和李洋夫妇是幸福小区的业主，东方物业公司为了保证整个小区的安全，一直采用门禁卡的方式，防止陌生人进入小区。2020年10月，梁斌和李洋夫妇下班回到家中，发现幸福小区的告示栏上张贴了通知，要求所有住户必须在一个月内进行指纹以及人脸识别信息采集，若一个月内未按要求完成信息采集工作，将无法进入小区。梁斌见状立即联系物业，质疑面部识别信息、指纹采集的合理性，并对其做法表示明确拒绝。双方交涉时，梁斌表示，人脸识别信息和指纹信息一旦收录，就会有泄露的风险。尤其是自己的微信和支付宝都已经绑定了人脸识别，若信息被他人非法获取，就相当于将支付密码告知他人，安全性该如何得到保证呢？

东方物业公司的主管则表示，该项目是基于住户安全和便捷层面考虑的，由于门禁卡容易出现遗忘、丢失、被盗等情形，会使陌生人混入小区，存在危及住户人身、财产安全的潜在风险，为便于小区的统一管理，故作出采集个人信息的决定。梁斌回家与妻子李洋商讨后决定配合小区管理，授权东方物业公司收集二人的面部信息和指纹信息。

然而，一年后，东方物业公司因经营不善被宣告破产，小区业主协商更换西方物业公司接替原来的物业管理工作。后西方物业公司出于各种考虑，决定沿用东方物业公司的门禁识别设备和系统，不再重新向住户收集个人信息。得知此消息后，梁斌认为自己并未授权新物业公司使用其个人信息，该公司应当对个人信息重新进行收集，双方最终无法达成一致。梁斌以西方物业公司未获得授权，沿用其个人信息为由向法院提起诉讼。

律师说法

在现实生活中，基于便利考虑，“刷脸”已然成为许多城市居民小区的“标配”，但人脸识别技术同时也引发了个人信息安全方面的担忧和争议。此外，有的小区由于频繁更换物业，导致住户个人信息泄露，使住户的个人信息权益遭受侵害。

《个人信息保护法》第二十二条规定：“个人信息处理者因合并、分立、解散、被宣告破产等原因需要转移个人信息的，应当向个人告知接收方的名称或者姓名和联系方式。接收方应当继续履行个人信息处理者的义务。接收方变更原先的处理目的、处理方式的，应当依照本法规定重新取得个人同意。”

本案中，东方物业公司因经营不善宣告破产，由西方物业公司接替其原本的物业工作，东方物业公司作为被住户授权使用个人信息的主体，应当向个人告知作为接收方的西方物业公司的名称、联系方式等。东方物业公司在未告知住户的情况下，即将住户的个人信息直接交付西方物业公司使用，违反了法律规定。

另外，西方物业公司作为接替者，应当继续履行东方物业公司的义务，妥善保管已收集的住户个人信息。如果西方物业公司需要将已收集的住户个人信息用于门禁以外的事项，或者希望通过其他方式处理的，应当重新取得住户的单独授权，才可沿用东方物业公司收集的个人信息。

生活小贴士

1. 小区物业因故需采集、处理住户个人指纹、面部特征等个人生物信息的，需要经过本人同意，任何组织或个人均不可采取变相强制或直接强制的手段。

2. 建议小区物业基于自愿的基本原则，对不愿意提供个人信息的个人，继续沿用传统门禁卡或钥匙等方式进入小区。

3. 遇小区物业需更换情况时，新物业公司不能直接沿用旧物业公司获授权收集的个人信息，而应当重新获得住户同意。除此之外，旧物业公司也有依法向住户如实告知的义务。

法律速递

《个人信息保护法》

第二十二条 个人信息处理者因合并、分立、解散、被宣告破产等原因需要转移个人信息的，应当向个人告知接收方的名称或者姓名和联系方式。接收方应当继续履行个人信息处理者的义务。接收方变更原先的处理目的、处理方式的，应当依照本法规定重新取得个人同意。

12 整形医院随意使用患者整形后的照片进行广告宣传，是否侵犯患者隐私？

李蕾决定在自己30周岁生日当天进行鼻子整形手术以留作纪念。整形手术非常成功，整形医院为进行宣传推广，在未征得李蕾同意的前提下，将李蕾的姓名、年龄、整形病历、整形效果等撰写成推文发布在医院的公众号上，推文中还嵌入了李蕾整形前后的对比图。由于医院没有对李蕾的面部进行技术处理，李蕾的同事朋友均知道了李蕾进行整形手术的事情。李蕾因此精神压力很大，还患上了抑郁症。于是，李蕾就此事寻求律师的帮助。

律师说法

近年来，医疗美容行业成为继房地产、汽车、通讯、旅游之后的第五大消费热点，成为“朝阳行业”。与此同时，医疗美容行业也面临前所未有的法律风险，已日益成为行业迫切需要解决的课题。

《个人信息保护法》第二十八条规定：“敏感个人信息是一旦泄露或者非法使用，容易导致自然人的人格尊严受到侵害或者人身、财产安全受到危害的个人信息，包括生物识别、宗教信仰、特定身份、医疗健康、金融账户、行踪轨迹等信息，以及不满十四周岁未成年人的个人信息。只有在具有特定的目的和充分的必要性，并采取严格保护措施的情形下，个人信息处理者方可处理敏感个人信息。”李蕾的整形病历、整形前后的照片在性质上属于敏感信息，并且《个人信息保护法》对知情同意作出了比《民法典》更为详尽、更为严格的规范，除了“处理敏感个人信息应当取得个人的单独同意”还应“向个人告知处理敏感个人信息的必要性以及对个人权益的影响”。

另外，《民法典》第一千零三十八条第一款规定，“信息处理者不得泄露或者篡改其收集、存储的个人信息；未经自然人同意，不得向他人非法提供其个人信息，但是经过加工无法识别特定个人且不能复原的除外”，因此整形医院在未履行充分告知义务，未征得李蕾本人对敏感信息处理的单独同意，且未对照片进行加工处理使其无法识别李蕾本人的情况下，将李蕾的敏感信息用于广告推广，侵犯了李蕾的个人信息权益。

《个人信息保护法》第六十九条第一款规定:“处理个人信息侵害个人信息权益造成损害，个人信息处理者不能证明自己没有过错的，应当承担损害赔偿等侵权责任。”《个人信息保护法》将侵害个人信息的侵权责任归责原则确定为过错推定原则，整形医院作为信息处理者如不能举证证明自己在处理个人信息时不存在过错的，即应承担赔偿责任。

《民法典》第一千零三十二条第二款规定,“隐私是自然人的私人生活安宁和不愿为他人知晓的私密空间、私密活动、私密信息”，李蕾本人对于自身进行整形的事情并不愿为他人所知晓，整形医院却将之撰写为推文在公众号进行推广，可以认定为侵犯李蕾的个人隐私。根据《民法典》第一千二百二十六条的规定:“医疗机构及其医务人员应当对患者的隐私和个人信息保密。泄露患者的隐私和个人信息，或者未经患者同意公开其病历资料的，应当承担侵权责任。”因此，李蕾可以就个人信息权益及隐私权遭受侵害的相关事宜，向整形医院主张侵权赔偿责任。

生活小贴士

1. 作为医疗机构及医护人员，应该加强法律知识的学习，建立医疗卫生机构患者个人信息的保护规则，对工作中可能导致患者个人信息泄露的环节，加强技术、系统的建设，加强风险防范。

2. 患者如发现自身的个人信息或者隐私被医疗机构或者医护人员泄露，可以通过提起民事诉讼的方式向医疗机构主张侵权赔偿责任。

法律速递

《民法典》

第一千零三十二条　自然人享有隐私权。任何组织或者个人不得以刺探、侵扰、泄露、公开等方式侵害他人的隐私权。

隐私是自然人的私人生活安宁和不愿为他人知晓的私密空间、私密活动、私密信息。

第一千零三十八条　信息处理者不得泄露或者篡改其收集、存储的个人信息；未经自然人同意，不得向他人非法提供其个人信息，但是经过加工无法识别特定个人且不能复原的除外。

信息处理者应当采取技术措施和其他必要措施，确保其收集、存储的个人信息安全，防止信息泄露、篡改、丢失；发生或者可能发生个人信息泄露、篡改、丢失的，应当及时采取补救措施，按照规定告知自然人并向有关主管部门报告。

第一千二百二十六条　医疗机构及其医务人员应当对患者的隐私和个人信息保密。泄露患者的隐私和个人信息，或者未经患者同意公开其病历资料的，应当承担侵权责任。

《个人信息保护法》

第二十八条　敏感个人信息是一旦泄露或者非法使用，容易导致自然人的人格尊严受到侵害或者人身、财产安全受到危害的个人信息，包括生物识别、宗教信仰、特定身份、医疗健康、金融账户、行踪轨迹等信息，以及不满十四周岁未成年人的个人信息。

只有在具有特定的目的和充分的必要性，并采取严格保护措施的情形下，个人信息处理者方可处理敏感个人信息。

第六十九条　处理个人信息侵害个人信息权益造成损害，个人信息处理者不能证明自己没有过错的，应当承担损害赔偿等侵权责任。

前款规定的损害赔偿责任按照个人因此受到的损失或者个人信息处理者因此获得的利益确定；个人因此受到的损失和个人信息处理者因此获得的利益难以确定的，根据实际情况确定赔偿数额。

13 个人征信记录能被他人频繁查询吗？

王玲最近打算购置新车，但由于手头的现金不够，希望找借贷公司借钱。借贷公司担心王玲借钱不还，欲调查王玲的个人征信记录。借贷公司以此为由来到银行申请调查王玲的个人征信记录，发现王玲信用状况不佳。借贷公司遂告知王玲因为其信用状况不佳，拒绝借款给她。

王玲非常疑惑，为什么借贷公司知道她的个人征信记录。于是王玲回到了办理过业务的银行，向银行进行投诉反映。王玲发现是银行将其个人征信记录透露给借贷公司的，还发现自己的征信情况被他人查询了十几次，而自己此前对此毫不知情。

王玲认为银行未经自己允许，随意让他人查询其征信情况，侵害了自己的权益，银行应当承担征信情况被频繁查询给自己造成的损失。

律师说法

在数字经济时代，信用贷款消费成了流行，个人征信情况也成了信用贷款消费重要的指标之一，银行等金融机构通常会以个人征信情况判断个人未来是否有能力履行贷款合同，再决定是否批准贷款。个人征信情况作为重要的个人信息，如果被肆意泄露，会影响人们的正常生活。

《个人信息保护法》第九条规定："个人信息处理者应当对其个人信息处理活动负责，并采取必要措施保障所处理的个人信息的安全。"本案中，银行等金融机构作为有权采集、保存、提供公民个人征信情况的机构，应对收集到的个人信息采取必要的安全措施，保障处理的个人信息的安全。银行在没有获得王玲同意的情况下，随意让人查询其征信情况，无疑是在泄露王玲的个人信息。如因此造成王玲损失，银行理应承担相应的责任。

银行等金融机构基于职责或者业务等合理原因收集公民的个人信息是合法的，但是作为信息收集处理者，银行等金融机构在处理收集到的个人信息时应注意保护个人信息的安全，如对于非本人申请查询个人征信情况的申请人，应当审慎审查其目的、申请材料、是否获得授权等，如申请查询人拒绝提供或无法完整提供前述材料的，应不予提供被查询人的个人征信情况。

生活小贴士

1. 如果因为银行等金融机构在收集、处理个人信息时出现错误，导致他人对公民个人信用状况产生误解，影响个人正常办理金融业务，可以要求银行等金融机构更正信息。

2. 公民认为银行等金融机构恶意泄露个人征信情况，侵害自身合法权益的，可以向所在地的国务院征信业监督管理部门派出机构投诉，由国务院征信业监督管理部门对银行等金融机构进行处罚。

法律速递

《个人信息保护法》

第九条　个人信息处理者应当对其个人信息处理活动负责，并采取必要措施保障所处理的个人信息的安全。

14 公司可以强制收集员工的全部健康信息吗?

21岁的小周于2021年6月大学毕业，通过招聘网站应聘上了软件工程师的岗位。入职时，公司要求小周参加入职体检，小周是一位乙肝表面抗原携带者，但留意到体检表的注意事项写着“乙肝保密，非经本人允许不得检测乙肝项目”后，他安下了心。然而，在未收到体检结果时，小周即被要求重新进行第二次体检，包括肝功能检测，以查明小周是否属于乙肝表面抗原携带者，小周拒绝并质疑：一般入职体检仅包括常规的检测项目，为何要重复检测？随后，公司以小周拒绝配合公司入职体检为由取消了其录取资格。

小周认为公司的行为属于违法解除劳动合同，并表示疑惑：员工是否属于乙肝表面抗原携带者，公司有知情权吗？

律师说法

现实社会中，许多人都会“谈乙肝色变”，甚至不加辨别就把乙肝表面抗原携带者与乙肝患者一起打上“传染病”的烙印。实际上，法律早已明文规定，乙肝表面抗原携带者不同于乙肝患者，不具有传染性，如果公司不属于医药、美容、食品加工等直接为客人服务的范围，则不得以员工为乙肝表面抗原携带者为由进行辞退。

另外，公司也不得将乙肝检测作为入职体检的强制检测项目。《个人信息保护法》第六条规定："处理个人信息应当具有明确、合理的目的，并应当与处理目的直接相关，采取对个人权益影响最小的方式。收集个人信息，应当限于实现处理目的的最小范围，不得过度收集个人信息。"用人单位收集员工信息必须要遵循合理、准确、最小化原则，只有出于履行劳动合同所必需的目的，才可以收集个人信息。而与履行劳动合同相关的个人信息，一般包括姓名、邮箱、学历学位、工作经历、紧急联系人等，而是否属于乙肝表面抗原携带者，一般不被认为与履行劳动合同直接相关。

本案中，小周为乙肝表面抗原携带者，而非乙肝患者，不具有传染性。更何况小周的岗位为软件工程师，并不属于国家规定禁止传染病病原体携带者从事的工作，公司在录取小周后又无故辞退，属于违法解除劳动合同，小周可以要求公司继续履行合同或进行索赔。是否属于乙肝表面抗原携带者这一个人信息，与小周履行劳动合同并无直接相关联系，小周无义务提供，其有权拒绝公司强制的要求。

生活小贴士

1. 用人单位在收集员工个人信息时应注意收集范围，应提前在相关规章制度中明确公司有权限收集的范围。

2. 涉及员工的个人敏感信息，用人单位应提前征得员工同意，或制定员工同意公司收集、使用个人信息的条款，在员工知悉并同意的情况下进行。

3. 员工有权注意保护隐私安全，对于与履行劳动合同无直接相关的个人信息，可以拒绝提供，用人单位在无员工同意的情况下不能强制收集。如用人单位以此解除劳动合同，属违法解除，应及时维权。

法律速递

《个人信息保护法》

第六条　处理个人信息应当具有明确、合理的目的，并应当与处理目的直接相关，采取对个人权益影响最小的方式。

收集个人信息，应当限于实现处理目的的最小范围，不得过度收集个人信息。

15 物业公司要求来访人员登记个人信息侵犯个人信息权益吗？

李明是一名外卖小哥，近期，李明在为某小区配送外卖时，物业公司要求其进入小区之前在物业公司的管理台账上填写详细的姓名、身份证号码、手机号码、居住地址等个人信息。

物业公司表示，为了物业安全管理需要，所有外来人员均需填写上述个人信息方可进入。李明质疑，物业公司的做法是否涉嫌侵犯个人信息权益，同时也担心自己的个人信息遭到泄露。于是，李明就该问题向律师进行咨询。

律师说法

物业公司作为小区管理方，对业主有安全保障义务，对来访人员进入小区进行登记是有必要的，这也是物业公司履行管理职责的一个环节。但是根据《个人信息保护法》的规定，姓名、身份证号码、手机号码、居住地址等信息属于个人信息，自然人的个人信息受法律保护，任何组织、个人不得侵害自然人的个人信息权益。所以，物业公司为履行安全保障义务需要，方可收集来访人员的个人信息。

物业公司作为个人信息处理者，也应根据法律规定履行相应的义务。物业公司应在履行安全保障义务目的范围内，采取对个人权益影响最小的方式收集外来人员的个人信息，不得过度收集。同时，《个人信息保护法》第五十一条规定："个人信息处理者应当根据个人信息的处理目的、处理方式、个人信息的种类以及对个人权益的影响、可能存在的安全风险等，采取下列措施确保个人信息处理活动符合法律、行政法规的规定，并防止未经授权的访问以及个人信息泄露、篡改、丢失：（一）制定内部管理制度和操作规程；（二）对个人信息实行分类管理；（三）采取相应的加密、去标识化等安全技术措施；……"

因此，物业公司应当采取相应的保管措施和其他必要的技术措施，确保其收集、存储的个人信息安全，防止信息泄露、篡改、丢失。

至于李明担忧个人信息处理过程中，个人信息遭泄露甚至被买卖的问题，《个人信息保护法》第十条规定："任何组织、个人不得非法收集、使用、加工、传输他人个人信息，不得非法买卖、提供或者公开他人个人信息；不得从事危害国家安全、公共利益的个人信息处理活动。"因此，物业公司对于收集的个人信息负有信息保护义务，在未经个人同意的前提下不得随意公开其个人信息，不得向他人非法提供个人信息，更不得利用个人信息进行盈利行为。

另外，《个人信息保护法》第六十六条第一款规定："违反本法规定处理个人信息，或者处理个人信息未履行本法规定的个人信息保护义务的，由履行个人信息保护职责的部门责令改正，给予警告，没收违法所得，对违法处理个人信息的应用程序，责令暂停或者终止提供服务；拒不改正的，并处一百万元以下罚款；对直接负责的主管人员和其他直接责任人员处一万元以上十万元以下罚款。"因此，物业公司若违反个人信息保护义务，需要承担相应的法律责任；情节严重构成犯罪的，需要依法被追究刑事责任。

生活小贴士

1. 作为物业公司，对在履行安全保障义务过程中收集到的外来人员的个人信息的使用和保管应设置严密的程序要件和约束机制。物业公司及其工作人员处理个人信息的行为应设置完整的程序要件，列入物业公司的自我管理公约和物业管理规章制度，并在物业管理区域内进行长期公示。

2. 作为公民，为了防止填写的个人信息被盗用，可以在个人信息登记一栏的空白处写上一行备注，进行相关权利的声明，表明该个人信息的用途。如若发现物业公司违反法律规定进行个人信息处理活动，可向履行个人信息保护职责的部门进行投诉、举报。

法律速递

《个人信息保护法》

第二条 自然人的个人信息受法律保护，任何组织、个人不得侵害自然人的个人信息权益。

第十条 任何组织、个人不得非法收集、使用、加工、传输他人个人信息，不得非法买卖、提供或者公开他人个人信息；不得从事危害国家安全、公共利益的个人信息处理活动。

第五十一条 个人信息处理者应当根据个人信息的处理目

的、处理方式、个人信息的种类以及对个人权益的影响、可能存在的安全风险等，采取下列措施确保个人信息处理活动符合法律、行政法规的规定，并防止未经授权的访问以及个人信息泄露、篡改、丢失：

（一）制定内部管理制度和操作规程；

（二）对个人信息实行分类管理；

（三）采取相应的加密、去标识化等安全技术措施；

（四）合理确定个人信息处理的操作权限，并定期对从业人员进行安全教育和培训；

（五）制定并组织实施个人信息安全事件应急预案；

（六）法律、行政法规规定的其他措施。

第六十六条第一款　违反本法规定处理个人信息，或者处理个人信息未履行本法规定的个人信息保护义务的，由履行个人信息保护职责的部门责令改正，给予警告，没收违法所得，对违法处理个人信息的应用程序，责令暂停或者终止提供服务；拒不改正的，并处一百万元以下罚款；对直接负责的主管人员和其他直接责任人员处一万元以上十万元以下罚款。

16 公司可以为了疫情防控收集员工的个人信息吗?

新冠肺炎疫情期间，为了公司防控工作的顺利进行，某公司负责人李兵印发了《疫情防控员工调查表》，并要求员工如实填写，该表格内容包括员工的行踪轨迹、家庭住址、联系电话等。郑菲是该公司的员工，日前因母亲生病，请假回老家A县探望。假期结束后回到公司，郑菲依照李兵的嘱咐如实填写了《疫情防控员工调查表》中的所有内容。第二天，新闻报道称曾有无症状感染者到访A县，故该地被列为高风险地区。

李兵发现后，将该情况拍照上传至该公司高层的微信群聊中，一夜间，这份载有郑菲个人信息的《疫情防控员工调查表》突然被传到了网上，并在微信、微博等社交平台疯狂转发，内容包括郑菲的姓名、照片、工作单位、就读学校、家庭地址、手机号码等，短短一天内，她接到了数百通骚扰电话和数千条谩骂短信，这给郑菲带来了极大的生活困扰。

律师说法

在当前疫情严峻的形势下，用人单位都会要求员工填报个人及家庭成员的行踪轨迹。然而，许多员工认为行踪轨迹属于敏感的个人信息，一旦泄露容易导致人身或财产安全受到损害，所以不愿意向用人单位提供，用人单位也无权强制员工提供。

《个人信息保护法》第十三条规定，为应对突发公共卫生事件，或者紧急情况下为保护自然人的生命健康和财产安全所必需，个人信息处理者不需取得个人同意也可以处理个人信息。

本案中，郑菲的个人行踪轨迹属于敏感个人信息，一般情况下，应当取得个人的单独授权同意方可处理。但由于本案处在新冠肺炎疫情防控的特定背景下，符合应对突发公共卫生的紧急情况。因此，李兵作为公司负责人，为配合疫情防控的需要甚至无须取得郑菲同意亦可收集相关的个人信息。

但因特定目的收集的个人信息仅能用于该使用目的，若需要将个人信息另行使用的，需另行获得他人同意。《个人信息保护法》第二十五条规定："个人信息处理者不得公开其处理的个人信息，取得个人单独同意的除外。"即便公司因为疫情防控需要有权收集员工的行踪轨迹，但若需对外公开，仍需获得员工的同意。本案中，李兵作为公司负责人，虽然有权基于防控需要收集员工的行动踪迹等个人信息，但李兵在未经郑菲同意的情况下，将载有郑菲个人信息的《疫情防控员工调查表》拍照上传至公司高层的微信群聊，泄露了郑菲的个人信息，属于侵害郑菲个人信息权益的行为，理应承担相应责任。

生活小贴士

1. 用人单位出于配合政府疫情防控的需要，收集员工相关信息的，其核心目的是明确员工行踪轨迹。所以，用人单位对与此无关的信息，应尽量不收集，合理圈定个人信息的范围，避免侵犯员工的隐私权。

2. 用人单位在处理员工个人信息时，应当进行标识化，运用数据脱敏等技术手段防止员工的个人信息泄露。

3. 员工个人应当提高对自身信息安全的保护意识，发现用人单位有不法行为时，应当及时阻止并利用法律武器保护自己。

法律速递

《个人信息保护法》

第十三条　符合下列情形之一的，个人信息处理者方可处理个人信息：

……

（四）为应对突发公共卫生事件，或者紧急情况下为保护自然人的生命健康和财产安全所必需；

……

依照本法其他有关规定，处理个人信息应当取得个人同意，但是有前款第二项至第七项规定情形的，不需取得个人同意。

第二十五条　个人信息处理者不得公开其处理的个人信息，取得个人单独同意的除外。

17 因疫情防控等原因，流调信息能被随意公开吗？

2021 年 5 月，王文兴所在的 G 城突然暴发了新冠肺炎疫情，而疫情暴发的起源则是与王文兴居住在同一层楼的邻居老李。

老李疑似因为在某隔离酒店上班，触碰了遭感染的垃圾而患病。

王文兴曾与老李搭同一趟电梯且有近距离接触，因此成了密切接触者而被隔离，疾控部门的工作人员对王文兴近七天的行程进行了流行病学调查，王文兴也配合流调完整地报告了自己的所有行程轨迹。

王文兴因为被隔离而无法上班，疾控部门就此事通知了王文兴所在的公司，公司得知消息后联系王文兴并了解了相关情况。公司的行政人员小陈在得知王文兴的情况后，将他被隔离的信息向公司全员进行了通报，要求公司同事尽快做核酸检测，同时还把王文兴的家庭住址、行程轨迹等信息发布到了公司群中供大家查看。

王文兴隔离十四天期间经过多次核酸检测最终确定未被感染，解除隔离后他回到公司上班，发现大家都用异样的眼神看他，且都不愿意与他说话，似乎认为他已染病并会传染给别人一样。后来他了解到小陈将自己被隔离的信息告诉了公司的同事，并且把自己的行程轨迹公布，他认为自己的隐私遭到了侵犯，向公司领导投诉反映此事。而公司则称这是基于疫情防控的需要，告知王文兴被隔离及公布其行程轨迹是要其他员工可以自查，避免出现疫情的扩散，认为公司并没有侵害王文兴的个人信息权益。

律师说法

《个人信息保护法》第十三条规定，为应对突发公共卫生事件，个人信息处理者可以在未取得个人同意的情况下处理个人信息。因为疫情防控的原因，政府部门、医疗疾控部门以及用人单位可以收集掌握公民个人的体温、核酸检测结果、疫苗接种状况、健康码等健康信息，以及其近期到访过的地区、交通路线等位置追踪信息。在本案中，王文兴是密切接触者，因疫情防控的需要，疾控部门对王文兴进行流行病学调查是合法的，同时考虑到王文兴有工作单位，疾控部门通知单位并要求单位做好疫情防控工作，符合法律规定。

《个人信息保护法》第五条规定，处理个人信息要遵循必要性原则。作为公司一方，当得知王文兴是密切接触者后，只需要根据疾控部门的要求对员工进行告知，指引他们做核酸检测以防止疫情扩散即可，而没有必要将王文兴的家庭住址、行程轨迹等个人信息全部公布。公司的行为侵犯了王文兴的隐私，损害了王文兴个人信息权益。

生活小贴士

1. 在疫情防控常态化时期，部分地区疫情会有反弹，为了遏制疫情，公布患者、疑似患者或密切接触者的行程轨迹以便寻找其他密切接触者防止疫情扩散是必要之举，但信息的收集应当仅用于疫情防控需要而不得由私人或用人单位等擅自散布。公民个人若发现自己的个人信息被他人借以疫情防控为由进行散布的，可以要求删除，必要时可以向公安机关进行报案处理。

2. 公司应根据疫情防控的实际情况评估处理疫情相关个人信息的必要性，同时也应告知员工具有披露疫情相关个人信息的法律义务，否则将需承担法律责任。

法律速递

《个人信息保护法》

第五条　处理个人信息应当遵循合法、正当、必要和诚信原则，不得通过误导、欺诈、胁迫等方式处理个人信息。

第十三条　符合下列情形之一的，个人信息处理者方可处理个人信息：

……

（四）为应对突发公共卫生事件，或者紧急情况下为保护自然人的生命健康和财产安全所必需；

……

依照本法其他有关规定，处理个人信息应当取得个人同意，但是有前款第二项至第七项规定情形的，不需取得个人同意。

18 员工患病请假，公司能要求员工提供详细病情资料吗？

谢玲 2 岁时父亲就离世了，是母亲将她带大，两人有非常深厚的感情。2018 年年初，谢玲的母亲因病去世，谢玲非常难过，加上工作的压力和在家庭中与丈夫的矛盾，导致她每晚失眠，生活受到很大的影响。谢玲到医院就诊，医生诊断她患有中度抑郁，考虑到她的身体和精神状况，医生为她开具了病休诊断证明书。

谢玲向自己工作的软件公司提交了医生开具的病休诊断证明书，公司行政主管收到后，对证明书上写有的抑郁诊断以及病休时间有异议，怀疑是谢玲串通医生造假，于是要求谢玲补充提交病历、心理治疗和精神分析治疗凭证材料、心理治疗单据、医药费凭证等更加详细的病情资料，并表示如果谢玲不提交这些资料就不批病假，如果谢玲不回公司上班，将认定谢玲为旷工并作解雇处理。

谢玲认为自己提交了医生开具的病休诊断证明书，已能足够证明自己患病，劳动法律法规也没有要求劳动者必须提供公司要求的众多文件，像病历、心理和精神治疗资料等涉及自己太多的隐私，谢玲不想提交给公司。于是，谢玲没有按照公司行政主管的要求提交更多材料，并开始休病假。

休假三天后，谢玲收到了公司盖章发来的解雇通知书，通知书上记载谢玲未按照要求请假且连续旷工三天，根据公司规章制度中连续旷工三天可作辞退处理的规定，与谢玲解除劳动合同。谢玲认为公司的理由不能成立，属于违法解雇，要求公司赔偿。

律师说法

《民法典》第一千零三十四条规定，健康信息属于个人信息。《个人信息保护法》第六条规定："处理个人信息应当具有明确、合理的目的，并应当与处理目的直接相关，采取对个人权益影响最小的方式。收集个人信息，应当限于实现处理目的的最小范围，不得过度收集个人信息。"而根据第二十八条及第二十九条的规定，医疗健康信息属于个人敏感信息，还需要个人单独同意才可以收集。

谢玲的病历、心理治疗和精神分析治疗凭证材料、心理治疗单据、医药费凭证等更加详细的病情资料是她患病的细节内容，是敏感个人信息，公司若需收集要征得谢玲同意。而谢玲已提交诊断证明书，能够反映谢玲患病就诊的事实，且诊断书已明确了需病休，公司仍要求谢玲提供更多个人敏感信息资料没有法律依据，这些资料并不是公司审核谢玲病假必要收集的个人信息。

公司的要求不符合法律规定，谢玲有权拒绝提供信息并可以凭医生的诊断证明书休病假，而公司以谢玲旷工为理由解雇她，缺乏法律依据，属于违法解雇。

生活小贴士

1. 在员工申请病假时，公司有权基于病假管理的需要要求员工提供必要的病假证明（通常是指医院出具的、建议员工病休的病假条），但是对于超出该等必要的病假证明之外的证明，公司强制要求员工提供则缺乏依据，员工有权拒绝。

2. 实践中也有员工与医生串通开假病假单的情况发生，作为员工一方不应以欺诈手段骗取假期，若被发现则会因违反劳动纪律而遭公司解雇；作为公司一方若怀疑员工提交的病假单有虚假可能的，需有明确证据予以证明，必要时可以实地调查走访，向开具病假单的医生了解实际情况。

法律速递

《民法典》

第一千零三十四条　自然人的个人信息受法律保护。

个人信息是以电子或者其他方式记录的能够单独或者与其他信息结合识别特定自然人的各种信息，包括自然人的姓名、出生日期、身份证件号码、生物识别信息、住址、电话号码、电子邮箱、健康信息、行踪信息等。

个人信息中的私密信息，适用有关隐私权的规定；没有规定的，适用有关个人信息保护的规定。

《个人信息保护法》

第六条　处理个人信息应当具有明确、合理的目的，并应当与处理目的直接相关，采取对个人权益影响最小的方式。

收集个人信息，应当限于实现处理目的的最小范围，不得过度收集个人信息。

第二十八条　敏感个人信息是一旦泄露或者非法使用，容易导致自然人的人格尊严受到侵害或者人身、财产安全受到危害的个人信息，包括生物识别、宗教信仰、特定身份、医疗健康、金融账户、行踪轨迹等信息，以及不满十四周岁未成年人的个人信息。

只有在具有特定的目的和充分的必要性，并采取严格保护措施的情形下，个人信息处理者方可处理敏感个人信息。

第二十九条　处理敏感个人信息应当取得个人的单独同意；法律、行政法规规定处理敏感个人信息应当取得书面同意的，从其规定。

19 员工用于考勤的定位信息，公司能随意公开吗？

林林是某公司的销售人员，不需要在公司坐班，公司为了方便对销售人员进行考勤，购买了一款轨迹定位的软件，使用定位的方式进行上下班及出差考勤。林林在入职时与公司签订了确认书，同意公司在上班时间对员工进行手机考勤定位，考勤定位的时间段为上午9点至下午5点，公司承诺下班期间不对员工进行定位。

2021年11月12日晚上10点，林林因为当日没有上班而登入系统补办请假手续，请假称自己正在A地照顾生病的家人，而公司人事主管张晓月在林林登入系统补办请假手续后对她进行轨迹定位，发现林林正在B地，与其陈述的情况不符。张晓月于是将林林的定位信息截图发到了公司的工作群中，并称林林虚假陈述。

对此，公司认为自己并没有过错，其使用定位考勤是出于工作的需要，事先告知了林林且征得了其同意，林林在工作期间也一直接受定位考勤的做法。公司还称事发当天晚上是林林先登入考勤系统请假，无意中暴露了自己的位置，并不是公司有意窥探林林的行踪，张晓月仅将林林的行踪发到公司群里，并未向社会公众公开。因此，公司认为并没有侵犯林林的隐私权和个人信息权益。

律师说法

《个人信息保护法》第二十八条明确了包括生物识别、宗教信仰、特定身份、医疗健康、金融账户、行踪轨迹等信息，以及不满14周岁未成年人的个人信息属于敏感信息；第二十九条规定处理敏感个人信息应当取得个人的单独同意。所以，公司如果需要通过定位轨迹进行考勤，需要单独获得员工的授权同意，否则则会被认定为违法收集使用员工信息。

林林在与公司签订的确认书中明确同意了定位轨迹考勤，且在日常工作中一直接受这种考勤方式，但同时公司也承诺了考勤时间段且确认了下班时间不进行定位考勤。因此，即使林林是晚上 10 点登入系统暴露了自己的行踪轨迹，公司也不得进行收集，而人事主管掌握林林的行踪后未征得其同意就将其行踪截图发送到公司的工作群内，侵犯了林林的隐私权和个人信息权益。

本案对于该公司来说，最大的错误在于人事主管张晓月将林林晚上的定位信息发到群里让大家知悉。公司在林林登入系统暴露自己行踪后掌握了林林的敏感个人信息，不应公开该信息。

生活小贴士

1. 公民个人信息分为个人信息与敏感个人信息两类，处理敏感个人信息需要获得个人的单独同意，且信息处理者需要告知信息的处理目的且具有必要性。因此，若公司向员工收集的个人信息属于敏感个人信息，员工应当要求单独授权同意且明确约定授权的范围。

2. 当公司向员工收集个人信息时，员工可能因为工作原因不敢提出异议，建议员工可以事前做好收集证据工作以备不时之需，如收集个人信息时只有口头或信息通知以证明公司没有书面获得授权，或者公司将个人信息和敏感个人信息进行一揽子授权的文件留存。

3. 公司应当对员工的个人信息实行分类管理，对一般的个人信息与敏感个人信息分级管理，加强对人事部门员工的培训和教育，避免人事部门员工在收集和处理员工个人信息时出现瑕疵。

法律速递

《个人信息保护法》

第二十八条　敏感个人信息是一旦泄露或者非法使用，容易导致自然人的人格尊严受到侵害或者人身、财产安全受到危害的个人信息，包括生物识别、宗教信仰、特定身份、医疗健康、金融账户、行踪轨迹等信息，以及不满十四周岁未成年人的个人信息。

只有在具有特定的目的和充分的必要性，并采取严格保护措施的情形下，个人信息处理者方可处理敏感个人信息。

第二十九条　处理敏感个人信息应当取得个人的单独同意；法律、行政法规规定处理敏感个人信息应当取得书面同意的，从其规定。

20 二手车出售，车况信息是否属于原车主的个人信息？

余铭刚开始工作时买了一辆某品牌小轿车用于上下班代步，工作五年后，余铭小有积蓄，考虑将原来的车二手出售并购买新车。2021年12月的某日，余铭与意向购买人微信洽谈车辆出售事宜，将自己车辆的机动车行驶证内页照片发送给对方，机动车行驶证上记载了车辆所有人、住址、车辆识别代码（车架号）、品牌型号等信息。意向购买人在收到了余铭的车辆信息后没多久就向余铭询问：“我在网上查到你这辆车有多次维修，能不能便宜5000元？”同时还把一份余铭出售的这辆汽车的《历史车况报告》发给了余铭查看。余铭觉得很困惑，怎么自己的车辆维修信息可以被一个陌生人随便查询？通过了解后他得知这是一款二手车信息查询App，余铭自己注册成为用户后，只需要花50元就可以通过车架号查到车辆的全部信息并下载《历史车况报告》。

余铭因为与意向购买人未能达成一致而最终未能顺利将自己的车出售，他认为该App运营方擅自有偿向他人提供自己车辆的行驶数据、维保数据等信息，导致车辆拟出售的价格受到降价影响，造成了自己的经济损失，遂要求App运营方赔偿。

律师说法

2021年10月1日《汽车数据安全管理若干规定（试行）》实施，该规定针对与汽车相关的个人信息及车辆数据保护问题作了更详细的规范。

该规定第三条明确："本规定所称汽车数据，包括汽车设计、生产、销售、使用、运维等过程中的涉及个人信息数据和重要数据。汽车数据处理，包括汽车数据的收集、存储、使用、加工、传输、提供、公开等。汽车数据处理者，是指开展汽车数据处理活动的组织，包括汽车制造商、零部件和软件供应商、经销商、维修机构以及出行服务企业等。个人信息，是指以电子或者其他方式记录的与已识别或者可识别的车主、驾驶人、乘车人、车外人员等有关的各种信息，不包括匿名化处理后的信息。敏感个人信息，是指一旦泄露或者非法使用，可能导致车主、驾驶人、乘车人、车外人员等受到歧视或者人身、财产安全受到严重危害的个人信息，包括车辆行踪轨迹、音频、视频、图像和生物识别特征等信息……"

车架信息是唯一的，且能与唯一的车辆对应，即通过车架号能对应车主，所以车架号应当被认定为个人信息，受到《个人信息保护法》的保护。该二手车信息查询 App 运营方具有营利的目的，在未征得车主同意的情况下收集车辆的信息并进行出售，侵害了车主的个人信息权益。

生活小贴士

日常车辆维修及保养时，不排除服务方会将车主的车辆信息进行收集并用于其他途径（如将车辆信息出售给保险公司或商业车辆信息查询软件等），车主无法第一时间发现自己的车辆信息被泄露后用作他用，只能在发现时及时取证保全证据，同时要求侵权方停止侵权，禁止其使用自己的车辆信息。车主还可以尝试通过调查寻找是哪一环节导致自己的个人信息遭到侵害，要求所有参与违法收集和处理车辆信息的侵权方停止使用信息和赔偿经济损失。

法律速递

《汽车数据安全管理若干规定（试行）》

第三条　本规定所称汽车数据，包括汽车设计、生产、销售、使用、运维等过程中的涉及个人信息数据和重要数据。

汽车数据处理，包括汽车数据的收集、存储、使用、加工、传输、提供、公开等。

汽车数据处理者，是指开展汽车数据处理活动的组织，包括汽车制造商、零部件和软件供应商、经销商、维修机构以及出行服务企业等。

个人信息，是指以电子或者其他方式记录的与已识别或者可识别的车主、驾驶人、乘车人、车外人员等有关的各种信息，不包括匿名化处理后的信息。

敏感个人信息，是指一旦泄露或者非法使用，可能导致车主、驾驶人、乘车人、车外人员等受到歧视或者人身、财产安全受到严重危害的个人信息，包括车辆行踪轨迹、音频、视频、图像和生物识别特征等信息。

重要数据是指一旦遭到篡改、破坏、泄露或者非法获取、非法利用，可能危害国家安全、公共利益或者个人、组织合法权益的数据，包括：

（一）军事管理区、国防科工单位以及县级以上党政机关等重要敏感区域的地理信息、人员流量、车辆流量等数据；

（二）车辆流量、物流等反映经济运行情况的数据；

（三）汽车充电网的运行数据；

（四）包含人脸信息、车牌信息等的车外视频、图像数据；

（五）涉及个人信息主体超过10万人的个人信息；

（六）国家网信部门和国务院发展改革、工业和信息化、公安、交通运输等有关部门确定的其他可能危害国家安全、公共利益或者个人、组织合法权益的数据。

21 公司可以要求应聘者提供详细个人信息和对其进行背景调查吗?

沈小丽在某技术公司工作两年后，考虑到自己的发展等问题，决定换一份工作，在查询招聘信息后发现某网络科技公司在招人且岗位也合适，于是她便向该网络科技公司投递了一份简历，简历中写有沈小丽的姓名、性别、年龄、学历以及技术公司工作经历。

网络科技公司在收到沈小丽的简历后联系她面试，面试时，沈小丽收到了公司提供的一份应聘登记表，应聘登记表中除了她之前简历中所写个人信息外，还要求填写婚恋及生育状况、家庭成员信息等。沈小丽认为自己应聘的工作内容并不会与自己的婚恋及生育状况、家人是谁等相关，于是向公司询问自己可否留空不填写。公司称沈小丽可以自己决定，但信息填写不完整可能会影响她的录用概率。沈小丽觉得这些信息属于个人隐私，于是便决定不填写。

面试三天后，沈小丽接到了原工作单位技术公司一位好朋友的电话，她的朋友告诉她有一家网络科技公司向技术公司的HR打电话对沈小丽进行背景调查，询问她在原单位的工作表现。沈小丽认为网络科技公司的做法侵犯了她的个人信息权益，因此向该网络科技公司提出禁止做背景调查的要求。

律师说法

公司在招聘时为了能够招到最合适的员工，往往希望能够收集到应聘者尽可能多的信息以供自己选择与参考。因为应聘者尚未正式成为公司员工，公司不能以《个人信息保护法》第十三条第一款“为订立、履行个人作为一方当事人的合同所必需，或者按照依法制定的劳动规章制度和依法签订的集体合同实施人力资源管理所必需”和“在合理的范围内处理个人自行公开或者其他已经合法公开的个人信息”的规定，在未征得个人的同意下收集信息。

《个人信息保护法》第六条规定：“处理个人信息应当具有明确、合理的目的，并应当与处理目的直接相关，采取对个人权益影响最小的方式。收集个人信息，应当限于实现处理目的的最小范围，不得过度收集个人信息。”因此公司在招聘员工时也应当在收集应聘者信息的时候做到这一点，对于与签订劳动合同无关的信息，不得强制收集。对于公司是否能够在未经应聘者同意的情况下对应聘者进行背景调查的问题，因为过往的工作经历经验也属于个人信息的一部分，涉及个人隐私，所以在《个人信息保护法》实施后，普遍观点认为公司需要征得应聘者同意方可进行。

本案中，沈小丽应聘某网络科技公司时提交了自己的个人简历，简历中所记载的内容可以视为沈小丽为了应聘而同意告知的个人信息，该网络科技公司收集简历中的信息是合法合规的，但是网络科技公司在此基础上要求沈小丽告知婚恋与生育状况，沈小丽有权拒绝。该网络科技公司向沈小丽的原工作单位进行沈小丽的背景调查，未征得沈小丽的同意，也属于违反《个人信息保护法》的行为，沈小丽有权要求该网络科技公司停止背景调查并要求对其收集到的信息进行删除销毁。

生活小贴士

1. 个人在日常找工作时往往会将简历投放在招聘网站上，应聘时提交的简历信息属于个人信息，个人提交行为可以视为同意将个人信息进行公开。因此个人向招聘网站或招聘单位提交简历时需注意自己填写的信息，如果认为是个人隐私不愿公开的，则不应填写及发出。

2. 作为招聘单位的公司一方，可以基于招聘需要，收集应聘者的个人信息，如姓名、教育及工作经历、基本健康状况等。超出招聘需求范围的，如婚恋生育情况、家庭情况、非基本健康状况信息（如病史等），公司需要征得应聘者同意才能收集，应聘者若不同意的可直接拒绝。公司认为需要对应聘者进行背景调查的，应要求应聘者签订《背景调查授权书》并明确告知应聘者背景调查的事项及目的，此后背景调查时需要严格按照授权范围进行，未经同意或超出范围进行背景调查的，应聘者有权要求公司停止背景调查行为并将收集到的信息进行删除销毁。

法律速递

《个人信息保护法》

第六条　处理个人信息应当具有明确、合理的目的，并应当与处理目的直接相关，采取对个人权益影响最小的方式。

收集个人信息，应当限于实现处理目的的最小范围，不得过度收集个人信息。

第十三条 符合下列情形之一的，个人信息处理者方可处理个人信息：

……

（二）为订立、履行个人作为一方当事人的合同所必需，或者按照依法制定的劳动规章制度和依法签订的集体合同实施人力资源管理所必需；

……

依照本法其他有关规定，处理个人信息应当取得个人同意，但是有前款第二项至第七项规定情形的，不需取得个人同意。

22 销售电话接不停，如何遏制电话号码被泄露?

汪蕾最近经常接到陌生电话。有一次，王蕾接听了其中一个，听到电话那头传来一个清甜的女声：“您好，我是某某银行的投资理财顾问，我们银行现在有一款保险产品……”还没等电话那头的银行营业人员说完，汪蕾便挂断了电话。

这几个月来，汪蕾已经收到了这家银行的四五次电话推销，而自己实际上已经不是这家银行的客户。早在两年前，汪蕾就已经将自己在该银行办理的信用卡注销，随后便与该银行没有任何存款和贷款等关系了。汪蕾怀疑是自己用于办理信用卡的个人信息遭到了泄露，银行将自己的姓名、电话号码等个人信息发给营业人员，使得营业人员可以通过电话的方式推销产品。

律师说法

许多银行在客户办理业务时会要求客户提供电话号码等个人信息，方便后续与客户联系和递交银行审批。现《民法典》已明确，电话号码属于公民的个人信息，受到法律保护。

汪蕾在银行办理信用卡，银行向汪蕾收集姓名、电话、住址、单位等个人信息，符合为了信用卡办理流程的身份审核以及银行备存资料方便日后针对信用卡使用及还款问题尽快联系信用卡使用人的目的，符合《民法典》第一千零三十五条及《个人信息保护法》第五条规定的收集个人信息需合法、正当、必要的原则。

但是银行在收集掌握了汪蕾的个人信息后，对汪蕾进行其他产品的电话推销，属于个人信息的二次使用。在电话推销的个人信息使用上，银行已经超出了原来信用卡办理和管理的使用范围，也没有征得汪蕾的同意，因此属于侵犯汪蕾个人信息权益的行为。

另外，《个人信息保护法》第十九条规定了个人信息处理者对信息的保存期限问题，明确个人信息的保存期限应当为实现处理目的所必要的最短时间。

本案中，汪蕾在办理银行信用卡时提供了个人信息，而后注销了信用卡，银行作为汪蕾个人信息的处理者，应当在汪蕾注销信用卡的同时，对汪蕾在银行中保存的个人信息予以删除。

生活小贴士

1. 电话推销频繁，是目前的一个普遍现象，而对于公民个人的电话号码遭泄露或被经营主体再次使用等情况，国家行政机关及相关行业的监管机构均在结合各种方式进行调查与监督。如2021年12月16日中国银保监会消费者权益保护局发布了2021年第19号《关于华某银行侵害消费者权益情况的通报》，通报称："华某银行违规查询、存储、传输和使用个人客户信息，侵害消费者信息安全权。华某银行未经客户授权，以'业务营销需要''核对贷款资金入账情况'以及员工异常行为排查等为由，违规查询个人客户储蓄存款交易信息。违规在公用互联网电脑存储以及通过互联网邮箱向合作方传输姓名、身份证号、银行账号、信贷记录等个人客户信息，存在信息泄露风险。信用卡中心向1.99万名已注销信用卡账户的客户致电营销保险产品，部分客户多次明确表示拒绝来电，该行仍持续向其电话营销。"并称"中国银保监会已要求华某银行进行整改"。[①] 相信随

---

① 参见中国银保监会、消费者权益保护局银保监消保发〔2021〕19号文件，http://www.cbirc.gov.cn/cn/view/pages/ItemDetail.html?docId=1024081&itemId=925&generaltype=0。

着《个人信息保护法》及相关法律法规的实施，行政机关及行业的监督管理机构会有更多的调查措施，最大限度遏制公民个人信息遭泄露被用于电话推销的问题。

2. 个人在日常办理业务事项，填写经营主体方提供的信息登记表时，需要仔细审查表中的项目，对于与所办理的业务无关的非必要信息可以拒绝填写，同时信息登记表中应当明确告知信息收集的目的，若没有告知的，个人有权要求经营主体进行明确告知或者在登记表中自行明确个人信息提供的限制。

3. 作为经营主体一方，需要按照《个人信息保护法》第五章“个人信息处理者的义务”中所规定的内容进行个人信息的管理，采取必要的措施对获取到的公民个人信息进行保密，加强对于可能接触到这些信息的员工的普法宣传教育，防范企业管理风险。

法律速递

《民法典》

第一千零三十五条　处理个人信息的，应当遵循合法、正当、必要原则，不得过度处理，并符合下列条件：

（一）征得该自然人或者其监护人同意，但是法律、行政法规另有规定的除外；

（二）公开处理信息的规则；

（三）明示处理信息的目的、方式和范围；

（四）不违反法律、行政法规的规定和双方的约定。

个人信息的处理包括个人信息的收集、存储、使用、加工、传输、提供、公开等。

《个人信息保护法》

第五条　处理个人信息应当遵循合法、正当、必要和诚信原则，不得通过误导、欺诈、胁迫等方式处理个人信息。

第十九条　除法律、行政法规另有规定外，个人信息的保存期限应当为实现处理目的所必要的最短时间。

23 已发布的个人信息，能否撤回同意要求删除？

任霞是英语培训老师，因为其丰富的专业经验，在当地小有名气。2019 年 1 月，任霞与当地的一家英语培训机构签订合作协议，担任机构的外聘老师，为中小学生辅导英语口语。协议约定双方的合作期限从 2019 年 1 月起至 2021 年 12 月止。该机构为了招募生源，在官网和微信公众号上多次对自己聘请了任霞进行广泛的宣传推广。

2019 年年底，新冠肺炎疫情暴发，线下培训教育受到了巨大冲击。任霞感到该机构有可能会在未来出现经营困难，遂与机构协商，双方提前终止了合作协议。2021 年 8 月，国家推行双减政策，加之疫情尚未结束等原因，该机构已出现无法继续经营下去的危机，自 2021 年 9 月开始，陆续有学生家长要求退课退钱，机构也因为现金流不足无法退钱而被众多学生家长告上法庭，颇受争议，事件还被当地多家媒体报道。

任霞曾与该机构合作，且机构也做了非常多的推广，因此只要在网上搜索任霞或者搜索机构名称，就会找到以前机构所发布的任霞担任英语老师的推广信息。任霞认为自己的声誉受到了很大的影响，许多人会因为这些信息而对她产生负面评价，自己既然已经与该机构解除了合作关系，机构就应该将之前发布的信息删除。任霞与机构联系要求删除一切由机构发布的且与自己相关的信息，机构不同意删除，认为自己发布的信息是真实的，并没有侵害任霞的名誉和隐私。任霞无奈之下向法院提起诉讼。

律师说法

《个人信息保护法》第四十七条规定，当个人撤回同意时，个人信息处理者应当主动删除个人信息；个人信息处理者未删除的，个人有权请求删除。

在本案中，任霞担任英语培训机构的老师以及她在机构的相关教学动态等由该机构对外进行发布，主要目的是招生与推广。在任霞尚与机构合作期间，机构发布的信息属于事实的情况下，任霞没有提出异议，所以信息发布行为应属合法。

但是任霞在与该机构解除合作关系后，机构若再借助任霞进行推广则需要重新征得任霞同意，而任霞已提出要求删除信息，属于《个人信息保护法》第四十七条所规定的个人有权撤回同意要求个人信息处理者删除个人信息的情形，所以机构应当将之前与任霞合作的相关信息进行删除。

若任霞在离职时已向机构明确，在其离职后该机构不得再使用她在机构的教学课程以及相关教学动态等，机构还继续使用的，任霞有权要求其将这些信息删除。

生活小贴士

1. 对外发布的信息若不符合事实或侵犯个人隐私的，个人可以以名誉权或隐私权遭侵犯为由要求信息发布者删除信息、赔礼道歉及赔偿损失。

2. 个人信息虽然经个人同意而发布，但是个人也可以提出撤回同意，并有权要求删除。如果个人要求个人信息处理者将信息进行删除而被拒绝，也可以向法院起诉要求个人信息处理者将信息删除。

3. 网络时代，个人信息常发布于网络。《民法典》第一千一百九十五条规定了网络平台方的“通知删除原则”，当个人向作为网络服务提供者的网络平台方发出通知提出发布的信息存在侵权并要求删除，网络平台方在接到个人的有效通知后及时删除信息制止网络用户侵权行为的，则自身无须承担侵权责任。因此当个人信息被发布在网络平台上时，个人可以尝试联系网络平台要求删除。网络平台作为网络服务提供者，在接到权利人的通知后没有及时采取删除等必要措施的，需要就损害的扩大部分与实施侵权行为的网络用户承担连带责任，所以作为网络平台一方，在实践中遇有网络用户提出投诉时，一般情况下为了免责都会选择删除信息。

法律速递

《个人信息保护法》

第四十七条　有下列情形之一的，个人信息处理者应当主动删除个人信息；个人信息处理者未删除的，个人有权请求删除：

（一）处理目的已实现、无法实现或者为实现处理目的不再必要；

（二）个人信息处理者停止提供产品或者服务，或者保存期限已届满；

（三）个人撤回同意；

（四）个人信息处理者违反法律、行政法规或者违反约定处理个人信息；

（五）法律、行政法规规定的其他情形。

法律、行政法规规定的保存期限未届满，或者删除个人信息从技术上难以实现的，个人信息处理者应当停止除存储和采取必要的安全保护措施之外的处理。

24 公司的宣传片或官网中留有已离职员工的信息，已离职员工能否要求删除?

李倩在一家商务公司担任行政专员职务，工作多年后考虑换个平台获得更好发展，于是在2019年11月向公司提出了离职，双方很快就办结了离职手续，公司也将工资等费用结清。

2020年5月，李倩发现商务公司对外的宣传片中还保留有长达三秒的自己的特写镜头，同时在公司的官方网站介绍图片中，还保留有自己接待客户的照片，包括姓名、电话号码、简历等相关介绍。李倩认为，自己已经从该商务公司离职，公司就应当对自己的信息进行删除，不能继续使用。

于是李倩委托律师向商务公司发出律师函，要求公司立即对视频中出现的李倩镜头以及官网上有关李倩的镜头和照片进行删除，并要求公司支付赔偿金10000元。

公司在接到律师函后感到很困惑，公司宣传片是在2018年年初为了提升整体形象而拍摄的，而李倩当时是公司员工，镜头里有她是很正常的事情，而且李倩在拍摄以及在职期间也没有提出异议；而公司官网上李倩接待客户的照片，也是因为李倩作为行政专员，接待客户是职责所在，照片是当年李倩工作时的照片，公司用于整体宣传，并没有丑化李倩的形象。公司认为自己并没有侵权，拒绝删除视频片段、官网照片和相关信息。

律师说法

《民法典》第一千零三十四条第二款规定，个人信息是以电子或者其他方式记录的能够单独或者与其他信息结合识别特定自然人的各种信息。因此员工视频影像、照片、电话及简历信息等均属于员工的个人信息，根据《个人信息保护法》第二十五条的规定，公司若使用李倩的个人信息，需要征得李倩的同意，而本案中李倩在职时并没有就公司宣传片、网上照片和简历信息等提出过异议，则可以视为李倩同意使用，但是李倩离职后，不同意公司再继续使用自己的个人信息，也是李倩应有的权利。

员工的视频影像及照片除了是个人信息外，也属于员工的肖像，《民法典》第一千零一十九条规定，未经肖像权人同意，不得制作、使用、公开肖像权人的肖像。同时在公司就使用员工肖像权问题签订协议进行使用期限约定的问题上，根据《民法典》一千零二十二条第一款规定："当事人对肖像许可使用期限没有约定或者约定不明确的，任何一方当事人可以随时解除肖像许可使用合同，但是应当在合理期限之前通知对方。"

在李倩和公司之间没有就个人肖像和个人信息的使用方面达成协议进行明确约定的情况下，李倩有权随时要求公司删除与自己有关的个人信息。若李倩要求公司删除而公司拒绝，同时能够证明公司使用了她的个人信息获得利益的，可以向法院起诉要求公司赔偿。

生活小贴士

1. 公司使用员工的肖像或个人信息，同样需要征得员工的同意。员工若没有与公司确认同意公司使用，可以要求公司停止使用或支付相应的使用费用。如果员工考虑到自己正在公司上班而不介意或碍于情面不愿提出反对的，也可以在离职后随时要求公司删除与自己有关的肖像和个人信息。

2. 不少公司为了对外宣传，会拍摄宣传片或设计官方网站，在宣传片和网站上会有员工的形象和信息出现，公司应当与员工签订肖像和个人信息使用协议，由员工确认公司因内部管理或自媒体外部宣传需要而使用员工的肖像或个人信息，员工同意且无偿许可公司使用。公司也可以考虑与员工明确使用的期限，避免员工离职后要求公司删除信息而造成公司的不便。

法律速递

《民法典》

第一千零一十九条　任何组织或者个人不得以丑化、污损，或者利用信息技术手段伪造等方式侵害他人的肖像权。未经肖像权人同意，不得制作、使用、公开肖像权人的肖像，但是法律另有规定的除外。

未经肖像权人同意，肖像作品权利人不得以发表、复制、发行、出租、展览等方式使用或者公开肖像权人的肖像。

第一千零二十二条　当事人对肖像许可使用期限没有约定或者约定不明确的，任何一方当事人可以随时解除肖像许可使用合同，但是应当在合理期限之前通知对方。

当事人对肖像许可使用期限有明确约定，肖像权人有正当理由的，可以解除肖像许可使用合同，但是应当在合理期限之前通知对方。因解除合同造成对方损失的，除不可归责于肖像权人的事由外，应当赔偿损失。

第一千零三十四条　自然人的个人信息受法律保护。

个人信息是以电子或者其他方式记录的能够单独或者与其他信息结合识别特定自然人的各种信息，包括自然人的姓名、出生日期、身份证件号码、生物识别信息、住址、电话号码、电子邮箱、健康信息、行踪信息等。

个人信息中的私密信息，适用有关隐私权的规定；没有规定的，适用有关个人信息保护的规定。

《个人信息保护法》

第二十五条　个人信息处理者不得公开其处理的个人信息，取得个人单独同意的除外。

25 教师的健康检查材料能否公开让家长知悉？

方晋皓的儿子在一家民办的中英文幼儿园上学，幼儿园所在的区教育局是幼儿园教育主管部门。

2014 年，校方与家长之间就教师资质问题产生了争议，家长们对幼儿园聘请的外籍教师的身份、资历等产生怀疑。方晋皓作为家长，向区教育局提交申请要求公开幼儿园 2010—2013 学年幼儿园外籍教师的身体健康检查材料。教育局答复不予受理。

于是方晋皓将区教育局起诉至法院要求信息公开。一审法院认为，家长申请公开外籍教师健康检查材料，因涉及个人隐私，属于不予公开的范围，不支持方晋皓的诉讼请求。方晋皓不服提起上诉，二审法院则认为，外籍教师身体健康检查材料关系到幼儿园全体学生的健康安全，若以涉及个人隐私为由不予公开，将给幼儿园学生、家长的利益造成重大影响，遂判决外籍教师身体健康检查材料属于公开范围。

律师说法

《个人信息保护法》第二十八条第一款规定，生物识别、宗教信仰、特定身份、医疗健康、金融账户、行踪轨迹等信息，以及不满 14 周岁未成年人的个人信息属于敏感个人信息。

处理敏感个人信息应当取得个人的单独同意，如果法律有特别规定，还需取得书面同意。除此之外，还应当向个人告知处理敏感个人信息的必要性以及对个人权益的影响。针对具有特定目的和充分必要性的情形，《个人信息保护法》第二十八条第二款规定在采取严格保护措施的情形下可以处理个人信息。

本案中，学校基于教师管理等原因收集教师的身体健康检查材料，一般情况下不得对外公开及做其他处理。但是教师身体健康检查材料关系到全体学生的健康安全，所以法院认为家长查询教师身体健康状况是为学生的利益考虑，涉及全体学生的健康安全问题，具有充分的必要性。而家长在获得学校提供的教师身体健康检查材料后，也仅能用以审查教师是否符合教学的身体状况资格，而不能将信息进行发布和公开。

生活小贴士

1. 生物识别、宗教信仰、特定身份、医疗健康、金融账户、行踪轨迹等信息，以及不满14周岁未成年人的个人信息属于敏感个人信息。公民要求有关单位公开敏感个人信息或向法院提起诉讼要求有关单位提供的，需要站在具有特定目的和具有充分必要性的角度进行说明。

2. 如教育单位和机构、食品等特定行业、特定职务，在员工的身体健康状况与社会公众有直接关系和影响的情况下，法院很大可能会判定公开个人信息给特定的个人了解和知悉，这属于维护公众利益的体现，公开个人信息并不违法。

法律速递

《个人信息保护法》

第二十八条　敏感个人信息是一旦泄露或者非法使用，容易导致自然人的人格尊严受到侵害或者人身、财产安全受到危害的个人信息，包括生物识别、宗教信仰、特定身份、医疗健康、金融账户、行踪轨迹等信息，以及不满十四周岁未成年人的个人信息。

只有在具有特定的目的和充分的必要性，并采取严格保护措施的情形下，个人信息处理者方可处理敏感个人信息。

第二章

互联网个人信息保护

❶ 手机软件索要用户授权是否合法?

李萌刚拿到驾照，打算自己驾车带着家人去城市周边地区旅游放松一下。在做旅游攻略时，李萌下载了某导航App，打算看一下沿路有什么景点。App安装完成一打开，就弹出这样一条消息:“应用想要获取您的位置、联系人、相机权限……”下面有两个选项，一个是同意，继续使用；另一个是不同意，退出。为了能正常使用，李萌只能无奈选择同意。

开车去往目的地的路上，李萌越想越不对，一款导航App获取位置可以理解，但有必要获取联系人授权吗？不同意开放授权就不能正常使用App的这种“霸王条款”合法吗?

律师说法

谈及软件对个人信息的获取，相信很多人已经司空见惯，甚至对弹出的“隐私政策”和“使用条款”也是一键同意，根本不在乎里面的内容是什么，更不在乎自己为此开放了什么授权，这就导致软件运营商借机在用户安装软件时尽可能多地获取用户信息。

《个人信息保护法》对软件运营商获取用户授权范围的问题有一定的限制。《个人信息保护法》第六条第一款规定:“处理个人信息应当具有明确、合理的目的，并应当与处理目的直接相关，采取对个人权益影响最小的方式。”例如对于一款摄影App

来说，开放相机授权就是必要且与拍照功能直接相关的，而对于一款导航 App 来说，开放位置授权是必要的，但联系人授权与导航的功能却没有直接、相关的联系。

另外，根据《个人信息保护法》第十四条、第十五条和第十六条的规定，此类软件对个人信息的收集，必须在本人充分知情的前提下自愿、明确进行同意。不仅如此，个人还有权撤回同意，不得以个人不同意处理其个人信息或者撤回同意为由，拒绝提供产品或者服务；处理个人信息属于提供产品或者服务所必需的除外。也就是说，对于使用产品或服务不是必需的个人信息，个人有权不同意开放授权，且平台不能据此拒绝提供产品或服务。

本案中，李萌使用导航 App，开放位置授权无可厚非，而联系人授权并不是使用导航功能所必需的，所以李萌有权拒绝开放授权。对于这类与提供导航服务无关的信息，李女士即使拒绝开放授权，App 也无权拒绝提供服务。软件运营商不同意开放授权就不能正常使用 App 的操作，违反了《个人信息保护法》的规定。

生活小贴士

1. 在《个人信息保护法》实施后，针对手机软件下载时的授权事项问题应会有所改善，在使用手机软件过程中，除了使用软件所必需且与其功能直接相关的个人信息，用户并非必须开放所有权限。

2. 对于已经授权的个人信息，用户也有权撤回同意。用户不同意授权或同意后又撤回的，软件运营商不得据此拒绝提供服务。如出现该种情况，建议用户向App专项治理工作组等有关部门反映其违规行为。

3. 若因软件过度、违规收集个人信息导致个人信息泄露的，用户需要及时保存证据，通过法律途径维护自己的权益。

法律速递

《个人信息保护法》

第六条　处理个人信息应当具有明确、合理的目的，并应当与处理目的直接相关，采取对个人权益影响最小的方式。

收集个人信息，应当限于实现处理目的的最小范围，不得过度收集个人信息。

第十四条　基于个人同意处理个人信息的，该同意应当由个人在充分知情的前提下自愿、明确作出。法律、行政法规规定处理个人信息应当取得个人单独同意或者书面同意的，从其规定。

个人信息的处理目的、处理方式和处理的个人信息种类发生变更的，应当重新取得个人同意。

第十五条　基于个人同意处理个人信息的，个人有权撤回其同意。个人信息处理者应当提供便捷的撤回同意的方式。

个人撤回同意，不影响撤回前基于个人同意已进行的个人信息处理活动的效力。

第十六条　个人信息处理者不得以个人不同意处理其个人信息或者撤回同意为由，拒绝提供产品或者服务；处理个人信息属于提供产品或者服务所必需的除外。

《App 违法违规收集使用个人信息行为认定方法》

四、以下行为可被认定为“违反必要原则，收集与其提供的服务无关的个人信息”

1. 收集的个人信息类型或打开的可收集个人信息权限与现有业务功能无关；

2. 因用户不同意收集非必要个人信息或打开非必要权限，拒绝提供业务功能；

3. App 新增业务功能申请收集的个人信息超出用户原有同意范围，若用户不同意，则拒绝提供原有业务功能，新增业务功能取代原有业务功能的除外；

4. 收集个人信息的频度等超出业务功能实际需要；

5. 仅以改善服务质量、提升用户体验、定向推送信息、研发新产品等为由，强制要求用户同意收集个人信息；

6. 要求用户一次性同意打开多个可收集个人信息的权限，用户不同意则无法使用。

② 读书、看视频的喜好被平台方公开，App 收集个人信息违法吗？

李敏是读书爱好者，在朋友的推荐下，李敏在手机上下载了一款新推出的读书 App。用户可以在该读书 App 上进行阅读书籍、分享书评等操作。李敏在使用该读书 App 的过程中发现，在本人没有进行任何添加操作的情况下，读书 App 账户中“我关注的”和“关注我的”页面下出现了大量好友，而这些好友都是自己在社交 App“快信”上的好友。并且，李敏发现，无论是否添加关注，读书 App 都默认向共同使用该款读书 App 的“快信”好友公开自己的阅读记录、读书点评等阅读信息。虽然读书 App 和社交 App“快信”属同一运营商网讯有限公司，但是，李敏觉得读书 App 在未取得本人授权的情况下，默认将其个人信息予以公开，构成侵权，遂将读书 App 和“快信”的运营商网讯有限公司诉至互联网法院，要求停止侵权、赔礼道歉。

无独有偶，晓梅是视频爱好者，在朋友的推荐下，晓梅在手机上下载了一款新推出的视频 App。晓梅在手机通讯录除本人以外没有其他联系人的情况下，使用手机号码注册登录某视频 App 。此后，晓梅偶然发现，自己的账号信息会以“可能认识的人”的方式被该 App 定向推送给其他用户，而这些用户正是晓梅多年未联系的老同学、朋友。并且，其他用户通过点击晓梅的主页，可以看到晓梅喜欢观看的视频内容等信息。晓梅认为，该视频 App 在未取得本人授权的情况下，将自己的账号信息予以推送，并且将个人观看视频的喜好予以公开，构成侵权，遂将该款视频 App 的运营商新科技公司诉至互联网法院，要求停止侵权、赔礼道歉。

律师说法

我国正处于网络生活全覆盖的大数据时代，万物互联正改变着人们的生活方式、思维模式及认知观念。大数据的蓬勃发展给社交网络带来机遇的同时也带来了挑战。我们在互联网中进行的每一个操作，都被服务器记录了下来，在开放、互联、共享的互联网中，如何正确处理互联网用户的信息，保障社交网络中个人信息的安全，是亟待解决的新问题。

《网络安全法》第四十一条规定："网络运营者收集、使用个人信息，应当遵循合法、正当、必要的原则，公开收集、使用规则，明示收集、使用信息的目的、方式和范围，并经被收集者同意。网络运营者不得收集与其提供的服务无关的个人信息，不得违反法律、行政法规的规定和双方的约定收集、使用个人信息，并应当依照法律、行政法规的规定和与用户的约定，处理其保存的个人信息。"网络运营者收集、使用个人信息应当遵循合法、透明的原则，处理个人信息需要让用户知情、获得用户同意。该知情及同意不仅包括对信息内容的知情及同意，还包括对收集、使用信息的目的、方式和范围的知情及同意。

在读书 App 案中，由于“快信”的好友关系、读书信息均属于个人信息，读书 App 在未明确告知用户的情况下，为用户自动关注好友，并将用户的读书信息默认向有关注关系和没有关注关系的“快信”好友开放，侵犯了用户的个人信息权益。在视频 App 案中，新科技公司通过收集并储存其他用户的手机通讯录信息，获取了晓梅的姓名和手机号码。当晓梅使用自己的手机号码注册使用该视频 App 时，新科技公司将其手机号码与从其他用户通讯录中收集到的手机号码进行匹配，以获取其他用户与晓梅之间的社交关系。这些信息足以反映晓梅的社交关系，应认定为个人信息。

同时，《个人信息保护法》第六条规定：“处理个人信息应当具有明确、合理的目的，并应当与处理目的直接相关，采取对个人权益影响最小的方式。收集个人信息，应当限于实现处理目的的最小范围，不得过度收集个人信息。”

晓梅未注册该视频 App 时，新科技公司从其他用户通讯录中收集到晓梅的姓名和手机号码后，通过匹配可以知道晓梅并非该视频 App 的用户，应当及时删除晓梅的个人信息。但晓梅的信息一直存储在新科技公司的后台系统中，超出必要限度，已经不属于合理使用。

后互联网法院对这两个案件作出判决，该视频 App 在未征得晓梅同意的情况下，对晓梅的个人信息进行处理，构成对晓梅个人信息权益的侵害，而某读书 App 对“快信”好友之间的读书信息默认开放，构成对李敏个人信息权益的侵害。但是，两案件中涉及的观看视频的喜好以及读书信息均不具有“不愿为他人知晓”的“私密性”，故不涉及侵犯隐私权。

生活小贴士

1. 对于互联网用户而言，使用互联网产品之前，应仔细阅读运营商关于信息收集类型、信息存储安全等条款，预防运营商使用信息的方式和结果造成对自身合法权益的损害。

2. 如互联网用户发现互联网运营商有涉及个人信息甚至隐私权的侵害行为，可以及时对相关互联网界面进行截屏固定证据，必要时请公证机构予以公证，以便日后提起民事诉讼举证之用。

3. 对于企业而言，应注意关联企业之间关联产品中合理利用用户数据的行为。在产品设计等方面需注重使用用户个人信息的合法合规性，提高个人信息保护水平。

法律速递

《个人信息保护法》

第六条　处理个人信息应当具有明确、合理的目的，并应当与处理目的直接相关，采取对个人权益影响最小的方式。

收集个人信息，应当限于实现处理目的的最小范围，不得过度收集个人信息。

《网络安全法》

第四十一条　网络运营者收集、使用个人信息，应当遵循合法、正当、必要的原则，公开收集、使用规则，明示收集、使用信息的目的、方式和范围，并经被收集者同意。

网络运营者不得收集与其提供的服务无关的个人信息，不得违反法律、行政法规的规定和双方的约定收集、使用个人信息，并应当依照法律、行政法规的规定和与用户的约定，处理其保存的个人信息。

《App违法违规收集使用个人信息行为认定方法》

五、以下行为可被认定为“未经同意向他人提供个人信息”

1. 既未经用户同意，也未做匿名化处理，App客户端直接向第三方提供个人信息，包括通过客户端嵌入的第三方代码、插件等方式向第三方提供个人信息；

2. 既未经用户同意，也未做匿名化处理，数据传输至App后台服务器后，向第三方提供其收集的个人信息；

3.App 接入第三方应用，未经用户同意，向第三方应用提供个人信息。

③ 如何避免掉入“大数据杀熟”的陷阱？

林露是旅行爱好者，一直通过旅行 App 预订机票、酒店。因此，林露成为该 App 享受 8.5 折优惠的钻石贵宾客户。今年夏天，林露如往年一样，通过旅行 App 预订了一间五星级豪华海景大床房，支付价款 3000 元。然而，林露入住酒店后，在办理退房手续时偶然发现，酒店的实际挂牌价仅为 1500 元。林露不仅没有享受到星级客户应当享受的优惠，反而多支付了一倍的房价。

旅行结束后，林露与旅行 App 进行沟通，旅行 App 以其系平台方，并非本笔订单的合同相对方为由，仅退还了部分差价 1000 元。

林露以旅行 App 采集个人非必要信息，进行“大数据杀熟”等为由诉至法院。林露要求旅行 App“退一赔三”，同时要求在该 App 界面增加用户不同意“服务协议”和“隐私政策”时仍可继续使用的选项，以避免 App 非法采集用户个人信息。

律师说法

“大数据杀熟”近年来作为网络热门词汇之一进入了大众的

视野。“大数据杀熟”泛指经营者运用大数据收集消费者的信息，分析其消费偏好、消费习惯、收入水平等信息并形成一定结果的自动化分析和决策技术，将同一商品或服务以不同的价格卖给不同的消费者，部分消费者的权益因此受损的现象。

从法律角度分析“大数据杀熟”现象，可以归结为平台企业与消费者之间，平台企业通过掌握消费者个人信息，使用大数据技术或算法手段在为消费者提供商品或服务时实施差别对待。

本案中，涉案App的“服务协议”和“隐私政策”中要求用户授权该App自动收集用户的日志信息、设备信息、软件信息、位置信息等信息。根据《个人信息保护法》第六条的规定，“处理个人信息应当具有明确、合理的目的，并应当与处理目的直接相关，采取对个人权益影响最小的方式。收集个人信息，应当限于实现处理目的的最小范围，不得过度收集个人信息”。该App对用户上述信息中的部分信息的采集并非必要，与为用户提供旅行服务的目的亦无直接关联。这实质上属于过度收集个人信息，且超越信息采集的直接处理目的。

同时，“服务协议”和“隐私政策”还要求用户授权许可该App使用用户信息进行营销活动，形成个性化推荐。《个人信息保护法》第二十四条规定：“个人信息处理者利用个人信息进行自动化决策，应当保证决策的透明度和结果公平、公正，不得对个人在交易价格等交易条件上实行不合理的差别待遇。通过自动化决策方式向个人进行信息推送、商业营销，应当同时提供不针对其个人特征的选项，或者向个人提供便捷的拒绝方式。通过自动化决策方式作出对个人权益有重大影响的决定，个人有权要求个人信息处理者予以说明，并有权拒绝个人信息处理者仅通过自动化决策的方式作出决定。”但本案中，涉案的旅行App要求用户必须同意“服务协议”和“隐私政策”方能登录使用；因此林露作为用户，为了使用该App提供的服务，实质上没有拒绝该App利用个人信息进行自动化决策的权利。

后法院作出判决，判决被告旅行App赔偿原告林露投诉后未完全赔付的差价500元及订房差价1500元的三倍，赔偿金共计5000元，且判决被告应在其运营的旅行App中增加用户不同意现有“服务协议”和“隐私政策”仍可继续使用的选项，或者修订旅行App的“服务协议”和“隐私政策”，去除对用户非必要信息的采集。

生活小贴士

1. 企业如基于经营需要，需收集消费者的个人信息时，应避免过度收集消费者个人信息，将其限于实现处理目的的最小范围；同时，必须事先征得消费者的同意。

2. 若企业需要通过消费者的个人信息进行数据分析从而形

成商业决策进行营销，应当事先向消费者告知，并征得同意。例如，在商业App中专门设置针对“自动化决策”的条款进行说明，同时赋予App用户拒绝的选项，保障用户的选择权。

3. 在向消费者提供自动化决策结果时，不能在相同的交易条件情况下，针对不同的消费者不合理地提供不同的交易信息。例如，因某消费者短时间内频繁查看产品的网站页面而提高价格；或者对会员客户与非会员客户提供不同价格的配送费。

4. 普通公民应该了解以上企业应遵循的行为要求，在选择平台或商家时需要多留意价格，切忌轻信会员（或经常消费）可享受更低价格的优惠，了解相关法律知识，在日常生活中遇到以上问题时可以避免掉入“大数据杀熟”的陷阱中。

法律速递

《个人信息保护法》

第六条　处理个人信息应当具有明确、合理的目的，并应当与处理目的直接相关，采取对个人权益影响最小的方式。

收集个人信息，应当限于实现处理目的的最小范围，不得过度收集个人信息。

第二十四条　个人信息处理者利用个人信息进行自动化决策，应当保证决策的透明度和结果公平、公正，不得对个人在交易价格等交易条件上实行不合理的差别待遇。

通过自动化决策方式向个人进行信息推送、商业营销，应当同时提供不针对其个人特征的选项，或者向个人提供便捷的拒绝方式。

通过自动化决策方式作出对个人权益有重大影响的决定，个人有权要求个人信息处理者予以说明，并有权拒绝个人信息处理者仅通过自动化决策的方式作出决定。

4 "趣味小测试"是否侵犯个人信息权益？

小惠和小雯闲暇时喜欢研究星座和运势。一日，小惠发现手机客户端平台不断向她推送"测测你的星座运势""未来的你能拥有多少资产""测测你的姻缘"等免费的趣味小测试。随手打开一个小程序，便会发出"申请"，要求获取小惠的昵称、头像、地区以及性别。除此之外，为了保证测试结果的"真实性"，还需依据要求输入被测试者的真实姓名、生日、手机号码和身份证号码等个人信息。测试完成后，小惠对结果十分满意，便将这些测试小程序转发给了小雯，并叮嘱其输入真实信息后测试会更准。

小雯果然对此很感兴趣，不假思索地按照客户端的要求详尽地填写了所有真实的个人信息。接下来的一天内，小雯又新挖掘了各式各样新奇的小测试，覆盖大到前世今生，小到生活方方面面，测试总数甚至达到20余份之多。一周后，小雯陆陆续续接到一些推销和银行贷款的电话，但都没有引起她的注意。

直到一个月后的一天上午，小雯接到一通自称侄女琳琳学校打来的电话，对方说为提升教学质量，琳琳所在的年级拟进行外教授课试点工作，需要在授课前预先缴纳教材费和授课费2万余元，其他同学已经悉数交纳完毕，只因琳琳未携带电子设备无法付款，其他家长也无法联系上，故希望小雯能先尽快代为缴纳，否则琳琳将会被取消升级课程的资格。

小雯心生疑虑，说要先打电话确认才能付款，并即刻打电话给琳琳的母亲希望得到确认，听琳母说琳琳上学期也遇到过类似的情况，便终于定下心来，还主动回拨了“学校”的电话，并火急火燎地向对方提供的银行账号汇了款。周末，侄女从学校回到家中，小雯才恍然大悟自己的2万余元实际上已经落入了不法分子手中。

律师说法

由于生活和工作的压力，不少人会对未来寄托诸多念想，抑或看见朋友都在参与，也想通过这种小测试的方式跟风娱乐消遣，殊不知这种小测试很可能一不小心就会泄露自己的个人信息。

《个人信息保护法》第五条规定：“处理个人信息应当遵循合法、正当、必要和诚信原则，不得通过误导、欺诈、胁迫等方式处理个人信息。”除此之外，《网络安全法》第四十六条规定，任何个人和组织应当对其使用网络的行为负责，不得设立用于实施诈骗。

本案中，趣味小测试平台打着让测试结果更真实准确的幌子要求用户填写真实的姓名、生日、手机号码和身份证号码等个人信息的行为，实际上是利用欺诈手段获取个人信息，再通过大数据将碎片信息进行重整，组合出完整的个人信息后实施诈骗，上述行为违反了《个人信息保护法》规定的合法、正当、必要和诚信原则，故小雯和小惠可以向平台的直接责任人和单位追究责任。

《网络安全法》第六十七条规定：“……设立用于实施违法犯罪活动的网站、通讯群组，或者利用网络发布涉及实施违法犯罪活动的信息，尚不构成犯罪的，由公安机关处五日以下拘留，可以并处一万元以上十万元以下罚款；情节较重的，处五日以上十五日以下拘留，可以并处五万元以上五十万元以下罚款。关闭用于实施违法犯罪活动的网站、通讯群组。单位有前款行为的，由公安机关处十万元以上五十万元以下罚款，并对直接负责的主管人员和其他直接责任人员依照前款规定处罚。”

本案中，除应当将该趣味小测试平台关闭外，直接责任人至少还将被处以五日以下拘留，并处 1 万元以上 10 万元以下罚款，实施行为的单位将被处以 10 万元以上 50 万元以下的罚款。

生活小贴士

1. 不少公众号和小程序为了吸引粉丝增加用户数目，不惜采取此类手段吸引读者眼球，或采取贩卖个人信息的方式增加运营的收益，该行为涉嫌违法甚至犯罪。

2. 公民个人应当提高个人防范意识，不随意跟风参与此类趣味小测试，不随意提供个人信息，以免将个人信息暴露在不法分子的掌控范围中。

法律速递

《个人信息保护法》

第五条 处理个人信息应当遵循合法、正当、必要和诚信原则，不得通过误导、欺诈、胁迫等方式处理个人信息。

《网络安全法》

第四十六条 任何个人和组织应当对其使用网络的行为负责，不得设立用于实施诈骗，传授犯罪方法，制作或者销售违禁物品、管制物品等违法犯罪活动的网站、通讯群组，不得利用网络发布涉及实施诈骗，制作或者销售违禁物品、管制物品以及其他违法犯罪活动的信息。

第六十七条 违反本法第四十六条规定，设立用于实施违法犯罪活动的网站、通讯群组，或者利用网络发布涉及实施违法犯罪活动的信息，尚不构成犯罪的，由公安机关处五日以下拘留，可以并处一万元以上十万元以下罚款；情节较重的，处五日以上十五日以下拘留，可以并处五万元以上五十万元以下罚款。关闭用于实施违法犯罪活动的网站、通讯群组。

单位有前款行为的，由公安机关处十万元以上五十万元以下罚款，并对直接负责的主管人员和其他直接责任人员依照前款规定处罚。

5 网站登载的裁判文书中有当事人的案情信息，是否侵犯当事人的个人信息权益?

小婷最近很失落，她和丈夫七年的婚姻，因为丈夫的出轨，最终以诉讼离婚作为结局。看到准许小婷和丈夫离婚的胜诉判决书的那一刻，小婷觉得这段婚姻已经结束，今后的日子要重新开始。小婷本以为时间可以治愈一切，没料到一个多月后，有朋友告诉小婷，某法律网站登出了一份判决书，虽然将小婷和其前夫的姓名等个人信息抹去了，但判决书中提到的案情，让小婷身边的朋友都能一眼看出这是小婷的离婚判决书。

经查，该网站是专门提供裁判文书查询服务的，目的在于通过案例进行相关风险提示。小婷认为网站的做法是对自己的二次伤害，通过它的登载，大众可以通过裁判文书中的信息了解到自己以前的婚姻状况，同时她认为判决书的公开会对她日后的再婚造成影响，网站公布了她的个人信息，侵犯了她的个人信息权益。网站辩称，判决书登载之前，网站编辑在正文中就已经对当事人信息进行了脱敏处理，且法院的判决书内容本就需要向社会大众公开，不存在侵犯其个人信息权益的情况。

那么，网站对裁判文书的转载到底会不会侵犯案件当事人的个人信息权益呢?

律师说法

《民法典》第一千零三十四条规定，自然人的姓名、出生日期、身份证件号码、生物识别信息、住址、电话号码、电子邮箱、健康信息、行踪信息等以电子或者其他方式记录的能够单独或者与其他信息结合识别特定自然人的各种信息都受法律保护。从该条文看，法院裁判文书中所记载的当事人信息，包括姓名、地址等个人信息都受到法律保护。

考虑到对个人信息的保护，《最高人民法院关于人民法院在互联网公布裁判文书的规定》第十条第一款也作出了相应规定，表明法院在互联网公布裁判文书时，应当删除自然人的家庭住址、通讯方式、身份证号码、银行账号、健康状况、车牌号码、动产或不动产权属证书编号，家事、人格权益等纠纷中涉及个人隐私的信息。最高人民法院要求判决书上网时需要删除当事人的部分信息的这条规定，就是网站所称的“脱敏处理”。

另外，《最高人民法院关于审理利用信息网络侵害人身权益民事纠纷案件适用法律若干问题的规定》（2020修正）第九条规定，网络用户或者网络服务提供者，根据国家机关依职权制作的文书和公开实施的职权行为等信息来源所发布的信息，与信息来源内容不符、误导大众、拒绝跟信息来源同步更新的，构成侵权。

本案中，网站没有对转载的内容进行任何加工或删减，仅仅是将裁判文书所公开的内容进行搬运。《个人信息保护法》第十三条也表明，在合理的范围内处理个人自行公开或者其他已经合法公开的个人信息，不需要经过本人同意。小婷不愿裁判文书被传播是担心自己的社会评价受到影响，而并非其私密性。小婷的部分信息作为裁判文书的一部分，已经被法院脱敏处理予以公布。网站转载裁判文书的行为，不涉及违法公布小婷个人信息及对小婷隐私的侵犯。

生活小贴士

1. 目前法院审理案件会进行公开录音录像，并会将判决书进行公开供社会大众监督。若涉及有关国家秘密的案件、涉及有关个人隐私的案件、涉未成年人案件以及涉商业秘密案件，当事人可以在开庭前向法官提交申请，要求案件进行不公开审理。

2. 网络转载他人信息或文件时，要遵循合理、真实的原则，不得为了点击率或流量而对事实进行歪曲及模糊，否则会对个人名誉和隐私造成侵犯。

3. 媒体等机构要注意公共监督和个人信息安全的界限，不得打着公共监督的旗号侵犯他人隐私。如果不是涉及公共利益或者转载内容已经被公开的，必须要得到当事人同意。

4. 公民如果发现网站登载的内容与信息来源内容不同或有歪曲，可以向网站运营方投诉反映情况。网站运营方拒绝更正的，公民可以以侵犯名誉权或隐私权为由向法院提起诉讼，追究侵权方的责任，同时对涉及个人信息的内容，有权要求网站运营方进行删除处理。

法律速递

《民法典》

第一千零三十四条　自然人的个人信息受法律保护。

个人信息是以电子或者其他方式记录的能够单独或者与其他信息结合识别特定自然人的各种信息，包括自然人的姓名、出生日期、身份证件号码、生物识别信息、住址、电话号码、电子邮箱、健康信息、行踪信息等。

个人信息中的私密信息，适用有关隐私权的规定；没有规定的，适用有关个人信息保护的规定。

《个人信息保护法》

第十三条　符合下列情形之一的，个人信息处理者方可处理个人信息：

（一）取得个人的同意；

（二）为订立、履行个人作为一方当事人的合同所必需，或者按照依法制定的劳动规章制度和依法签订的集体合同实施人力资源管理所必需；

（三）为履行法定职责或者法定义务所必需；

（四）为应对突发公共卫生事件，或者紧急情况下为保护自然人的生命健康和财产安全所必需；

（五）为公共利益实施新闻报道、舆论监督等行为，在合理的范围内处理个人信息；

（六）依照本法规定在合理的范围内处理个人自行公开或者其他已经合法公开的个人信息；

（七）法律、行政法规规定的其他情形。

依照本法其他有关规定，处理个人信息应当取得个人同意，但是有前款第二项至第七项规定情形的，不需取得个人同意。

《最高人民法院关于审理利用信息网络侵害人身权益民事纠纷案件适用法律若干问题的规定》

第九条　网络用户或者网络服务提供者，根据国家机关依职权制作的文书和公开实施的职权行为等信息来源所发布的信息，有下列情形之一，侵害他人人身权益，被侵权人请求侵权人承担侵权责任的，人民法院应予支持：

（一）网络用户或者网络服务提供者发布的信息与前述信息来源内容不符；

（二）网络用户或者网络服务提供者以添加侮辱性内容、诽谤性信息、不当标题或者通过增删信息、调整结构、改变顺序等方式致人误解；

（三）前述信息来源已被公开更正，但网络用户拒绝更正或者网络服务提供者不予更正；

（四）前述信息来源已被公开更正，网络用户或者网络服务提供者仍然发布更正之前的信息。

《最高人民法院关于人民法院在互联网公布裁判文书的规定》

第十条　人民法院在互联网公布裁判文书时，应当删除下列信息：

（一）自然人的家庭住址、通讯方式、身份证号码、银行账号、健康状况、车牌号码、动产或不动产权属证书编号等个人信息；

（二）法人以及其他组织的银行账号、车牌号码、动产或不动产权属证书编号等信息；

（三）涉及商业秘密的信息；

（四）家事、人格权益等纠纷中涉及个人隐私的信息；

（五）涉及技术侦查措施的信息；

（六）人民法院认为不宜公开的其他信息。

按照本条第一款删除信息影响对裁判文书正确理解的，用符号“×”作部分替代。

6 “脱单盲盒”拆的是爱情还是风险？

某日，大学生刘铭和室友陈黎一起去看电影。电影结束后，陈黎的女友来与他会合吃饭，因不想当“电灯泡”，刘铭便独自一人离开。从影院回宿舍的路上，刘铭很羡慕陈黎，希望自己也能有一段美好的恋情，突然想起自己之前听说有“脱单盲盒”社交小程序，能让单身的人快速交友。刘铭便搜索并打开一款“脱单盲盒”社交小程序，进入小程序后发现页面上显示着两个虚拟盒子，分别用蓝色和粉色标识着性别，用户可以通过支付1—5元不同金额抽取虚拟盲盒中详略程度不同的“纸条”以获得他人的基本信息，或者获得购买盲盒存储个人信息的机会。

刘铭按照小程序的要求支付价款后，在“纸条”中留下了自己的真实姓名、年龄、微信账号、电话号码、所在城市等个人信息，也相应地抽取了盲盒中的“纸条”，随即便按照上面的联系方式添加了对方。在后续的微信聊天中，刘铭发现，对方只是打着交友的名义换取曝光率的产品微商，在未来的两天时间内，刘铭又陆陆续续地收到了上百条各式各样的产品、服务信息和电话推送，还收到了十几个陌生人添加好友的申请，但申请理由千奇百怪，刘铭这才意识到自己的微信账号信息被贩卖，觉得自己上当受骗了。

律师说法

《个人信息保护法》第十四条第一款规定，基于个人同意处理个人信息的，该同意应当由个人在充分知情的前提下自愿、明确作出。刘铭作为“脱单盲盒”的用户，属于自愿提供个人信息，因此对小程序的运营方而言，收集刘铭的个人信息本身不存在违反法律的情形。但运营方在收集了用户信息后，根据《民法典》第一百一十一条的规定，不得在未经用户同意的情况下将用户的信息再次加工和传输，非法买卖、提供或者公开。该小程序运营方在未经刘铭允许的情况下将其个人信息向他人提供并进行非法买卖，运营方的这一行为侵犯了刘铭的个人信息权益。

《刑法》第二百五十三条之一、《最高人民法院、最高人民检察院关于办理侵犯公民个人信息刑事案件适用法律若干问题的解释》第四条规定通过购买、收受、交换等方式非法获取公民个人信息，情节严重的，处 3 年以下有期徒刑或者拘役，并处或者单处罚金；情节特别严重的，处 3 年以上 7 年以下有期徒刑，并处罚金。个人信息处理者将他人的个人信息出售情节严重的，还有可能涉及刑事责任的问题。

生活小贴士

1. 对于需要提供个人信息参与交友、互动的活动或程序，公民个人应谨慎。因为这类游戏活动或交友程序的可信程度难以确认，且容易出现商家收集用户个人信息后进行非法使用或不按照约定使用的风险，所以应注意甄别，谨防被骗。

2. 交友活动的组织方或此类软件、小程序的运营方应严格按照《个人信息保护法》规定的个人信息处理者的义务要求采取相应的措施保护用户的个人信息。

法律速递

《民法典》

第一百一十一条　自然人的个人信息受法律保护。任何组织或者个人需要获取他人个人信息的，应当依法取得并确保信息安全，不得非法收集、使用、加工、传输他人个人信息，不得非法买卖、提供或者公开他人个人信息。

《个人信息保护法》

第十四条第一款　基于个人同意处理个人信息的，该同意应当由个人在充分知情的前提下自愿、明确作出。法律、行政法规规定处理个人信息应当取得个人单独同意或者书面同意的，从其规定。

《刑法》

第二百五十三条之一　违反国家有关规定，向他人出售或者提供公民个人信息，情节严重的，处三年以下有期徒刑或者拘役，并处或者单处罚金；情节特别严重的，处三年以上七年以下有期徒刑，并处罚金。

违反国家有关规定，将在履行职责或者提供服务过程中获得的公民个人信息，出售或者提供给他人的，依照前款的规定从重处罚。

窃取或者以其他方法非法获取公民个人信息的，依照第一款的规定处罚。

单位犯前三款罪的，对单位判处罚金，并对其直接负责的主管人员和其他直接责任人员，依照各该款的规定处罚。

《最高人民法院、最高人民检察院关于办理侵犯公民个人信息刑事案件适用法律若干问题的解释》

第四条　违反国家有关规定，通过购买、收受、交换等方式获取公民个人信息，或者在履行职责、提供服务过程中收集公民个人信息的，属于刑法第二百五十三条之一第三款规定的“以其他方法非法获取公民个人信息”。

7 App未经用户同意的情况下获取其地理位置信息，是否侵犯个人信息权益？

小海听说某短视频App十分火爆，便注册成为该App的新用户。在刚开始使用App的几天里，小海被频繁询问是否允许App获取其地理位置，这很干扰小海的正常使用，但他均未表示同意。一日，小海到上海游玩，点开该App时，无意发现平台根据实时地理位置向其推送了上海某区域的广告信息。小海立即点击后台进行确认，他发现，自己的位置信息早已被平台在未经其同意的情况下强制获取。

小海认为自己并未授权该App收集其个人位置信息，该App默认强制收集的行为超出了用户授权的范围，构成侵犯个人信息。小海向该App的运营方进行了邮件和电话的投诉。运营方表示，平台只是通过IP地址获得城市级别的模糊位置信息，不具有可识别性，不属于侵犯个人信息的范畴。双方协商不成，小海以App运营方侵犯自己个人信息为由诉至法院，要求该App运营方赔偿。

律师说法

《个人信息保护法》第二十九条规定，处理敏感个人信息应当取得个人的单独同意；法律、行政法规规定处理敏感个人信息应当取得书面同意的，从其规定。《网络安全法》第二十二条第三款规定："网络产品、服务具有收集用户信息功能的，其提供者应当向用户明示并取得同意；涉及用户个人信息的，还应当遵守本法和有关法律、行政法规关于个人信息保护的规定。"此外，对于"未经同意"的行为认定，国家互联网信息办公室《App违法违规收集使用个人信息行为认定方法》，明确规定了九项可被认定"未经用户同意收集使用个人信息"的范围。

目前大量App在使用过程中，几乎都会涉及获取地理位置的相关问题。由于位置信息能够起到识别个人特征的作用，故属于敏感个人信息的范畴，在处理该信息时应当取得个人的单独同意。本案中，该App的运营方提出城市级别的模糊位置信息不具可识别性的说法，但案涉的个人信息与位置的精准度并无直接关系，因此App运营方的抗辩理由于法无据，即App运营方在未征得小海同意的情况下，收集小海的地理位置信息，已经构成侵权。

生活小贴士

App的运营商获取的城市位置信息属于敏感个人信息，不受位置的精确程度影响，若公民个人在使用App的过程中发现运营商未经同意擅自获取其地理位置等个人信息，可以选择提起民事诉讼等方式进行维权。

法律速递

《个人信息保护法》

第二十九条　处理敏感个人信息应当取得个人的单独同意；法律、行政法规规定处理敏感个人信息应当取得书面同意的，从其规定。

《网络安全法》

第二十二条　网络产品、服务应当符合相关国家标准的强制性要求。网络产品、服务的提供者不得设置恶意程序；发现其网络产品、服务存在安全缺陷、漏洞等风险时，应当立即采取补救措施，按照规定及时告知用户并向有关主管部门报告。

网络产品、服务的提供者应当为其产品、服务持续提供安全维护；在规定或者当事人约定的期限内，不得终止提供安全维护。

网络产品、服务具有收集用户信息功能的，其提供者应当向用户明示并取得同意；涉及用户个人信息的，还应当遵守本法和有关法律、行政法规关于个人信息保护的规定。

《App违法违规收集使用个人信息行为认定方法》

三、以下行为可被认定为“未经用户同意收集使用个人信息”

1. 征得用户同意前就开始收集个人信息或打开可收集个人信息的权限；

2. 用户明确表示不同意后，仍收集个人信息或打开可收集个人信息的权限，或频繁征求用户同意、干扰用户正常使用；

3. 实际收集的个人信息或打开的可收集个人信息权限超出用户授权范围；

4. 以默认选择同意隐私政策等非明示方式征求用户同意；

5. 未经用户同意更改其设置的可收集个人信息权限状态，如 App 更新时自动将用户设置的权限恢复到默认状态；

6. 利用用户个人信息和算法定向推送信息，未提供非定向推送信息的选项；

7. 以欺诈、诱骗等不正当方式误导用户同意收集个人信息或打开可收集个人信息的权限，如故意欺瞒、掩饰收集使用个人信息的真实目的；

8. 未向用户提供撤回同意收集个人信息的途径、方式；

9. 违反其所声明的收集使用规则，收集使用个人信息。

8 酒店运营商能否通过住客扫码入住，间接收集住客个人信息？

陈美因要去外地出差，提前在网上预订了一间连锁酒店的单人豪华大床房。当天，陈美抵达酒店办理入住时，被前台服务员告知，酒店已经上线了扫描入住功能，需通过微信扫码办理。陈美留意到，在按下“微信一键登录”的按钮时，页面下方有一行小字——“我已阅读并同意《会员服务条款》和《隐私声明》”，如不同意打钩，将无法完成入住登记；而一旦打钩，系统则进一步要求住客提供手机号码，并自动为该手机号码注册会员，成为会员后，酒店将自动关联住客在预订房间时留存的身份证号码。

与此同时，陈美发现，在办理入住时，酒店前台并未主动告知可通过人工办理入住，也未明示“扫码入住即等于加入会员”。陈美觉得该连锁酒店的行为可能侵犯了住客的个人信息权益，于是就该问题向律师咨询。

律师说法

《个人信息保护法》第十四条第一款规定：“基于个人同意处理个人信息的，该同意应当由个人在充分知情的前提下自愿、明确作出。法律、行政法规规定处理个人信息应当取得个人单独同意或者书面同意的，从其规定。”连锁酒店的网络运营商在住客扫码入住的环节中嵌入注册会员环节，以此间接获取住客的微信昵称、头像以及手机号码等个人信息。虽然住客均在《会员服务条款》和《隐私声明》中打钩表示已阅读并同意，但事实上住客并非在个人充分知情的前提下自愿明确作出同意的意思表示。

《个人信息保护法》第六条规定：“处理个人信息应当具有明

确、合理的目的，并应当与处理目的直接相关，采取对个人权益影响最小的方式。收集个人信息，应当限于实现处理目的的最小范围，不得过度收集个人信息。”《隐私声明》中提出，住客在使用酒店的网站或者移动应用软件时，需要提供姓名、性别、身份证号码、家庭住址、电话号码、生日、邮箱、账号、密码及其选择酒店时的偏好以及支付时提供的银行账户或信用卡等信息。但是，家庭住址、生日、账号、密码等显然都不是酒店必要收集的个人信息，酒店在对住客信息的处理中违背了“最小范围原则”。另外，这其中的家庭住址、银行账户、信用卡信息均属于敏感个人信息，敏感个人信息一旦泄露或者被非法使用，容易导致个人的人格尊严受到侵害或者人身、财产安全受到危害。

因此，根据《个人信息保护法》第二十八条、第二十九条的规定，“处理敏感个人信息应当取得个人的单独同意”，并且“只有在具有特定的目的和充分的必要性，并采取严格保护措施的情形下，个人信息处理者方可处理敏感个人信息”，酒店的网络运营商将住客的敏感个人信息与其他种类的个人信息合并获取住客的授权，并且未对收集住客敏感个人信息的目的及必要性进行单独明确充分说明，违反了《个人信息保护法》关于敏感个人信息处理规则的有关规定。

生活小贴士

1. 作为消费者，在入住酒店时，若需要使用微信扫码，应当谨慎注意，尤其是在授权前，要留意打钩项后的文字叙述，对于未明示同意就获取用户授权的，可向当地消费者协会或工信部门投诉。

2. 如果住客发现“被会员”，不希望个人信息留存在酒店网络运营商的服务器上，可先通过酒店官方的客服电话要求注销会籍并删除相关个人信息。如果酒店官方不予配合，住客可保留与客服通话的电话录音或者邮件往来作为相关证据，向消费者协会投诉，或者提起民事诉讼。

法律速递

《个人信息保护法》

第六条　处理个人信息应当具有明确、合理的目的，并应当与处理目的直接相关，采取对个人权益影响最小的方式。

收集个人信息，应当限于实现处理目的的最小范围，不得过度收集个人信息。

第十四条　基于个人同意处理个人信息的，该同意应当由个人在充分知情的前提下自愿、明确作出。法律、行政法规规定处理个人信息应当取得个人单独同意或者书面同意的，从其规定。

个人信息的处理目的、处理方式和处理的个人信息种类发生变更的，应当重新取得个人同意。

第二十八条　敏感个人信息是一旦泄露或者非法使用，容易导致自然人的人格尊严受到侵害或者人身、财产安全受到危害的个人信息，包括生物识别、宗教信仰、特定身份、医疗健康、金融账户、行踪轨迹等信息，以及不满十四周岁未成年人的个人信息。

只有在具有特定的目的和充分的必要性，并采取严格保护措施的情形下，个人信息处理者方可处理敏感个人信息。

第二十九条　处理敏感个人信息应当取得个人的单独同意；法律、行政法规规定处理敏感个人信息应当取得书面同意的，从其规定。

《App 违法违规收集使用个人信息行为认定方法》

一、以下行为可被认定为“未公开收集使用规则”

1. 在 App 中没有隐私政策，或者隐私政策中没有收集使用个人信息规则；

2. 在 App 首次运行时未通过弹窗等明显方式提示用户阅读隐私政策等收集使用规则；

3. 隐私政策等收集使用规则难以访问，如进入 App 主界面后，需多于 4 次点击等操作才能访问到；

4. 隐私政策等收集使用规则难以阅读，如文字过小过密、颜色过淡、模糊不清，或未提供简体中文版等。

二、以下行为可被认定为“未明示收集使用个人信息的目的、方式和范围”

1. 未逐一列出App(包括委托的第三方或嵌入的第三方代码、插件)收集使用个人信息的目的、方式、范围等；

2. 收集使用个人信息的目的、方式、范围发生变化时，未以适当方式通知用户，适当方式包括更新隐私政策等收集使用规则并提醒用户阅读等；

3. 在申请打开可收集个人信息的权限，或申请收集用户身份证号、银行账号、行踪轨迹等个人敏感信息时，未同步告知用户其目的，或者目的不明确、难以理解；

4. 有关收集使用规则的内容晦涩难懂、冗长繁琐，用户难以理解，如使用大量专业术语等。

9 智能汽车的车主是否有权获取自己汽车的行车数据?

陈虹是一名智能汽车的车主。有一次，陈虹在下班驾车回家的路上，发现自己的智能汽车竟然出现了短暂的刹车失灵状况。于是，陈虹立即将汽车送至所在城市的智能汽车门店进行维修。根据门店的维修结果反馈，陈虹的智能汽车并不存在刹车失灵的故障，当时的状况可能仅是因为驾驶速度过快且制动较晚导致的。

传统汽车的行车数据记录器安装在车辆上，保存数据的介质由车主持有。与传统汽车不同，智能汽车的行车数据一般存储于车内系统和云端服务器，完全由汽车制造商掌握。陈虹对于门店的反馈结果心存疑虑，无奈之下，只好联系了智能汽车制造商，希望可以获取自己当天的行车数据。但制造商却一直以各种理由拒绝提供。于是，陈虹就车主是否有权获取自己的行车数据问题咨询了律师。

律师说法

随着智能网联技术的发展，汽车加速进入智能时代，成为继手机之后的又一“移动智能终端”，为智能汽车的用户带来自动驾驶、车载娱乐、车内购物等多方位智能体验。但是，在享受智能化的同时，必然伴随着汽车车主个人信息处理的合法合规问题。

陈虹作为车主，是否有权获取自己的行车数据，首先涉及的是车主的行车数据是否属于个人信息的问题。《汽车数据安全管理若干规定(试行)》第三条将车主的个人信息定义为“以电子或者其他方式记录的与已识别或者可识别的车主、驾驶人、乘车人、车外人员等有关的各种信息”。《信息安全技术个人信息安全规范》将“个人信息”定义为“以电子或者其他方式记录的能够单独或者与其他信息结合识别特定自然人身份或者反映特定自然人活动情况的各种信息”。

因此，个人信息的核心特点是“可识别性”。可识别性分为两种，一种是对自然人身份的识别，即通过单独或者其他信息的结合可以识别出特定自然人；另一种是特定自然人在其活动中产生的信息。车辆的车牌号是车辆的身份证，如同自然人的身份证号码一样，每辆车都具有独一无二的编码，由此可以直接识别出车主，因此车牌号属于个人信息。至于车速、制动踏板物理性移动信号等技术信息，在已知车主身份的情况下，则属于该特定自然人在活动中产生的信息，也应属于个人信息。行车数据中包含的位置信息、行踪轨迹等，这些数据通过与车辆的发动机号、行驶证相结合，亦可识别车主的真实身份。综上，车辆的行车数据属于个人信息的范围，车主对此享有合法权利。

《个人信息保护法》第四十五条第一款、第二款规定：“个人有权向个人信息处理者查阅、复制其个人信息；有本法第十八条第一款、第三十五条规定情形的除外。个人请求查阅、复制其个人信息的，个人信息处理者应当及时提供。”行车数据属于个人信息，且不存在法律、行政法规规定应当保密或者不需要告知的情形，陈虹对自己的行车数据享有知情权，有权要求智能汽车制造商提供自己的行车数据。当陈虹请求智能汽车制造商提供其行车数据时，智能汽车制造商作为个人信息处理者应当及时提供。

生活小贴士

1. 车主作为个人信息的主体，对智能汽车的行车数据享有知情权和决定权，因此，车主可以要求智能汽车制造商提供行驶数据供自己查阅、复制，对于超出法律法规规定和约定的授权范围的个人信息，还可以要求智能汽车制造商进行删除。

2. 如果智能汽车制造商拒绝提供车主的行车数据，车主可以请求消费者协会或者依法成立的其他调解组织调解，也可以向有关行政部门投诉，还可以选择直接提起民事诉讼维护自己的合法权益。

法律速递

《个人信息保护法》

第四十五条　个人有权向个人信息处理者查阅、复制其个人信息；有本法第十八条第一款、第三十五条规定情形的除外。

个人请求查阅、复制其个人信息的，个人信息处理者应当及时提供。

个人请求将个人信息转移至其指定的个人信息处理者，符合国家网信部门规定条件的，个人信息处理者应当提供转移的途径。

《汽车数据安全管理若干规定（试行）》

第三条　本规定所称汽车数据，包括汽车设计、生产、销售、使用、运维等过程中的涉及个人信息数据和重要数据。

汽车数据处理，包括汽车数据的收集、存储、使用、加工、传输、提供、公开等。

汽车数据处理者，是指开展汽车数据处理活动的组织，包括汽车制造商、零部件和软件供应商、经销商、维修机构以及出行服务企业等。

个人信息，是指以电子或者其他方式记录的与已识别或者可识别的车主、驾驶人、乘车人、车外人员等有关的各种信息，不包括匿名化处理后的信息。

敏感个人信息，是指一旦泄露或者非法使用，可能导致车主、驾驶人、乘车人、车外人员等受到歧视或者人身、财产安全受到严重危害的个人信息，包括车辆行踪轨迹、音频、视频、图像和生物识别特征等信息。

重要数据是指一旦遭到篡改、破坏、泄露或者非法获取、非法利用，可能危害国家安全、公共利益或者个人、组织合法权益的数据，包括：

（一）军事管理区、国防科工单位以及县级以上党政机关等重要敏感区域的地理信息、人员流量、车辆流量等数据；

（二）车辆流量、物流等反映经济运行情况的数据；

（三）汽车充电网的运行数据；

（四）包含人脸信息、车牌信息等的车外视频、图像数据；

（五）涉及个人信息主体超过10万人的个人信息；

（六）国家网信部门和国务院发展改革、工业和信息化、公安、交通运输等有关部门确定的其他可能危害国家安全、公共利益或者个人、组织合法权益的数据。

10 “购物节”被商家促销信息刷屏能举报吗？

陈小梅是网络购物爱好者，平时最喜欢在网络上购物。陈小梅发现最近在网络平台购物，商家都会要求消费者开通会员，而开通会员需要填写姓名、电话号码等信息。由于开通会员时商家一般会附赠大额优惠券，陈小梅觉得开通会员对自己来说也没有什么影响，遂开通了多家店铺的会员。

不久之后，一年一度的“购物节”来临。陈小梅也收到了商家发来的促销信息。开始只是1条，后面逐渐发展到10条、100条，甚至因为促销信息过多，影响了陈小梅正常使用手机。

陈小梅苦不堪言，随即向商家和网络平台提出，希望取消短信通知功能。网络平台回复表示这属于商家的职责范畴，陈小梅得与商家协商解决；商家则回应，如果陈小梅需要取消短信通知功能，那么也必须取消会员待遇，之后购物不能享受会员折扣。

陈小梅与商家协商无果，随后向消费者协会提出投诉。

律师说法

网络技术的发展促使网络购物的兴盛，越来越多的人选择通过网络购物满足日常生活需要，同样，越来越多的商家也选择通过网络进行宣传推广。通过短信通知消费者促销活动正是日常较为多见的网络平台宣传推广的方式之一。然而，越来越多的促销短信开始影响消费者的正常生活，想取消又无法取消的短信通知功能更是令部分消费者苦不堪言。

根据《个人信息保护法》第十五条的规定，“基于个人同意处理个人信息的，个人有权撤回其同意。个人信息处理者应当提供便捷的撤回同意的方式。个人撤回同意，不影响撤回前基于个人同意已进行的个人信息处理活动的效力”。

本案中，陈小梅自愿开通会员，并同意开通短信通知功能，商家可以基于陈小梅的同意，向其发送促销短信。但是在陈小梅因为促销短信感到苦恼，提出要取消促销短信功能时，商家不能拒绝陈小梅的请求，而应提供取消促销短信的渠道。商家拒绝陈小梅取消短信通知功能的行为不符合现行法律法规的规定，陈小梅有权向相关部门投诉。

虽然陈小梅有取消短信通知的权利，但是因为之前陈小梅确实同意了开通短信通知功能，所以商家此前向陈小梅发送促销短信这一行为并不违法。只是在陈小梅提出拒绝再接收促销短信后，商家不得再向陈小梅发送相关促销短信。而且商家应当为陈小梅提供便利的取消途径，方便陈小梅取消短信通知功能。

生活小贴士

1. 网络购物时，若向商家申请开通会员并需要填报个人信息，应注意申请开通会员相关协议中关于商家以及消费者本人的权利义务条款，审查商家是否已明确告知收集个人信息的用途。

2. 若发现商家利用收集的个人信息发送促销短信等信息，可以与商家进行沟通，要求撤回已授权商家使用的个人信息并要求商家停止发送垃圾信息。

3. 若商家拒绝停止使用已撤回授权的个人信息，或者消极不作为，可以向消费者协会进行投诉，或者要求相关部门介入处理。

法律速递

《个人信息保护法》

第十五条　基于个人同意处理个人信息的，个人有权撤回其同意。个人信息处理者应当提供便捷的撤回同意的方式。

个人撤回同意，不影响撤回前基于个人同意已进行的个人信息处理活动的效力。

⑪ 转发的微信聊天记录包含第三人的身份信息，是否侵犯个人信息权益？

小赵是一名公司职员，平常与同事关系较好，私底下也会与相熟的同事在微信群聊里交流信息。某日，小赵从微信群聊里得知隔壁部门的老张欠钱不还，是个“老赖”。群里还把老张借钱的欠条、身份证照片等都发了出来。小赵有些鄙夷，心想老张平时看着为人大方，不承想也是个老赖，气愤之下将群里所发内容及图片批量转发到了其他群，大斥老张“老赖”，欠钱不还。

消息传播得飞快，没到一天，老张就看到了这些怒斥其“老赖”的聊天记录，并辗转找到了小赵进行对质，声称其早与债权人协商好还款事宜，不存在“老赖”一说。小赵辩称，他只是想帮助同事解决这笔债务，并无其他想法。然而，此事早已传开，老张是“老赖”这个消息早已传遍公司。老张很气愤，认为小赵随意公开自己的身份证照片，还诬蔑他欠钱不还，不仅泄露了自己的个人信息还侵犯了自己的隐私。老张表示要起诉维权。

律师说法

面对突然冒出的新闻，网友习惯性地会评论一句“让子弹再飞一会儿”，因为已经有太多例子证明了最开始爆出的消息并不一定是真实的，只是利用了看客们的情感进行传播。即使最后证实消息虚假，被暴露个人信息的人也已在虚假消息传播的过程中受到了严重伤害。

根据《个人信息保护法》第十三条的规定，在无紧急情况、维护公共安全或履行法定职责的情况下，必须要在个人同意下处理个人信息。所谓处理，自然包括对个人信息的获取、传播、删改等。

本案中，小赵是否有权利对老张的个人信息进行传播，关键是看小赵是否存在《个人信息保护法》中规定的不需要个人同意的例外情形。首先，小赵作为一位普通员工，其他同事是否欠债甚至欠债不还，与其履行自身工作职责无关，对“老赖”进行法律制裁也不是小赵的法定职责；其次，老张与债权人之间的债务关系理应仅在双方当事人之间产生利益影响，不存在小赵维护公共利益、公共安全的紧急情况；最后，老张并没有将自己欠债的信息进行公开，仅是因为借钱而提供了自己的个人信息。没有老张的同意，小赵根本没有权利对包括老张住址、姓名等的敏感个人信息进行处理。

再退一步说，小赵对个人信息的处理也超出了合理范围，他将包含老张敏感个人信息的聊天记录转发给其他同事无助于解决债务问题。

生活小贴士

1. 应当尊重他人隐私，不随意传播包含他人个人信息的消息，否则可能构成侵权。

2. 遇到法律问题，应通过正规法律途径处理，不应以侵犯他人权益的方式达到维权目的。

3. 公司应针对舆论传播制定相关规章制度，避免员工占用工作时间讨论私事，损坏公司名誉。

法律速递

《个人信息保护法》

第十三条　符合下列情形之一的，个人信息处理者方可处理个人信息：

（一）取得个人的同意；

（二）为订立、履行个人作为一方当事人的合同所必需，或者按照依法制定的劳动规章制度和依法签订的集体合同实施人力资源管理所必需；

（三）为履行法定职责或者法定义务所必需；

（四）为应对突发公共卫生事件，或者紧急情况下为保护自然人的生命健康和财产安全所必需；

（五）为公共利益实施新闻报道、舆论监督等行为，在合理的范围内处理个人信息；

（六）依照本法规定在合理的范围内处理个人自行公开或者其他已经合法公开的个人信息；

（七）法律、行政法规规定的其他情形。

依照本法其他有关规定，处理个人信息应当取得个人同意，但是有前款第二项至第七项规定情形的，不需取得个人同意。

12 App个性化广告默认开启、设有效期是否侵犯个人信息权益?

黄静是某款社交App的爱好者，闲暇时候热衷登录该款App浏览时政新闻、娱乐热点，并与好友进行互动。近期，黄静因准备购买单反相机而频繁搜索单反相机的各种评测信息及选购指南。

随后，黄静惊讶地发现，该款社交App竟然向自己推荐了单反相机的广告。黄静认为，该款社交App的个性化广告推荐功能必然存在收集、使用、分析用户个人信息的行为；同时，令黄静更加愤怒的是，该款社交App默认开启个性化广告推荐的功能，且该功能的关闭也设置了有效期，到期后需用户再次点击关闭，否则将自动重新开启。于是黄静就此问题咨询了律师。

律师说法

“个性化广告”，是指针对不同用户的不同需求，精准进行广告投放，属于个性化展示的一种，也是信息自动化决策常见的应用场景之一。

《个人信息保护法》第二十四条第二款规定：“通过自动化决策方式向个人进行信息推送、商业营销，应当同时提供不针对其个人特征的选项，或者向个人提供便捷的拒绝方式。”

该款社交 App 并未明确区分个性化广告和非个性化广告，从而无法判断其是否也同时提供了不针对黄静个人特征的非个性化广告。并且，该款社交 App 在设计上将个性化广告推荐功能的关闭按键隐藏得较深，需用户多次跳转才能找到相关界面。因此，该款社交 App 事实上是在未征得用户同意的前提下，通过自动化决策方式向用户进行信息推送和商业营销，同时也未向用户提供便捷的拒绝方式，违反了《个人信息保护法》的上述规定。

另外，根据《个人信息保护法》第十七条的规定，个人信息处理者在处理个人信息前，应当以显著方式、清晰易懂的语言真实、准确、完整地向个人告知包括但不限于个人信息的处理目的、处理方式，处理的个人信息种类、保存期限等事项。

该款社交 App 在向用户进行个性化广告的推荐时，必然伴随着收集、分析个人信息的处理活动。因此，作为个人信息处理者，应通过显著方式明确告知用户个性化广告推荐功能需处理的个人信息种类以及采用的处理方式。如果信息种类中涉及位置信息，由于位置信息属于敏感个人信息，还需获得用户的单独同意方能获取。且《个人信息保护法》第四十四条规定，“个人对其个人信息的处理享有知情权、决定权，有权限制或者拒绝他人对其个人信息进行处理；法律、行政法规另有规定的除外”，事实上该条规定赋予了个人拒绝他人处理自己个人信息的权利，且该权利并不存在期限限制。该款社交App在关闭有效期的期限届满后自动重新开启个性化广告推荐功能的行为，剥夺了用户拒绝的权利，侵犯了用户的个人信息权益。

生活小贴士

1.App运营商应在“用户协议”或“隐私政策”里明确告知个性化广告功能需要处理的个人信息种类、方式等，并征得用户的明示同意，还需明确个性化广告推荐的具体规则。

2.App在向用户推荐个性化广告时，应采用显著标注方式提醒用户注意，同时还应展示非个性化广告；且提供便捷的拒绝个性化广告的方式，步骤不能烦琐。用户选择关闭个性化广告推荐的功能后，除非用户自行重新开启该功能，App不得自动打开。

3.用户如发现个人信息权益遭受侵害，可以选择通过法律途径进行维权，如提起民事诉讼，请求App运营商停止上述侵犯个人信息权益的行为，就侵权行为赔礼道歉、承担维权费用等。

法律速递

《个人信息保护法》

第十七条　个人信息处理者在处理个人信息前，应当以显著方式、清晰易懂的语言真实、准确、完整地向个人告知下列事项：

（一）个人信息处理者的名称或者姓名和联系方式；

（二）个人信息的处理目的、处理方式，处理的个人信息种类、保存期限；

（三）个人行使本法规定权利的方式和程序；

（四）法律、行政法规规定应当告知的其他事项。

前款规定事项发生变更的，应当将变更部分告知个人。

个人信息处理者通过制定个人信息处理规则的方式告知第一款规定事项的，处理规则应当公开，并且便于查阅和保存。

第二十四条　个人信息处理者利用个人信息进行自动化决策，应当保证决策的透明度和结果公平、公正，不得对个人在交易价格等交易条件上实行不合理的差别待遇。

通过自动化决策方式向个人进行信息推送、商业营销，应当同时提供不针对其个人特征的选项，或者向个人提供便捷的拒绝方式。

通过自动化决策方式作出对个人权益有重大影响的决定，个人有权要求个人信息处理者予以说明，并有权拒绝个人信息处理者仅通过自动化决策的方式作出决定。

第四十四条 个人对其个人信息的处理享有知情权、决定权，有权限制或者拒绝他人对其个人信息进行处理；法律、行政法规另有规定的除外。

13 发布在网络平台的个人信息，无故出现在其他网络平台上，究竟是谁侵犯了用户的个人信息权益？

林娜是一名美食爱好者，喜欢通过网购平台购买各种线下餐馆的美食优惠券，闲暇时候约上三五好友去餐馆品尝美食。同时，林娜还热衷拍摄各种自己品尝美食的照片，然后发布在网购平台上，以此获取网购平台的积分奖励。

某日，林娜的好友无意中发现林娜的个人信息出现在某款社交 App 上，包括林娜的本人照片、年龄、行业、住所所在区域等。林娜表示她本人并没有注册使用过该款社交 App，是经好友告知后方知悉此事。林娜觉得网购平台和社交 App 的运营商均侵犯了其个人信息权益。于是林娜要求该款社交 App 的运营商立即删除她的个人信息，同时要求网购平台和社交 App 公开道歉并进行赔偿。

社交 App 的运营商表示，该款 App 的用户均可以在平台上自由表达自己，发布个人信息并结识朋友。对于用户所发布的内容，平台会进行相关的审核，但是无法确定是否为用户本人发布。

律师说法

《个人信息保护法》实施后，个人信息保护有了法律“安全锁”。《个人信息保护法》第十条规定：“任何组织、个人不得非法收集、使用、加工、传输他人个人信息，不得非法买卖、提供或者公开他人个人信息；不得从事危害国家安全、公共利益的个人信息处理活动。”因此，无论是网购平台泄露林娜个人信息的行为，还是社交 App 随意发布林娜个人信息的行为，均属于违法行为。

另外，《个人信息保护法》第五十七条规定，发生或者可能发生个人信息泄露、篡改、丢失的，个人信息处理者应当立即采取补救措施，并通知履行个人信息保护职责的部门和个人。网购平台作为信息处理者，需履行相应的义务。对于发生用户个人信息泄露、丢失的情况，应立即采取补救措施。

且《个人信息保护法》第五十八条规定：“提供重要互联网平台服务、用户数量巨大、业务类型复杂的个人信息处理者，应当履行下列义务：……（三）对严重违反法律、行政法规处理个人信息的平台内的产品或者服务提供者，停止提供服务；……”与此同时，该款社交App的运营商作为个人信息处理者，应当对其个人信息处理活动负责，建立健全个人信息保护合规制度体系，并采取必要措施保障所处理的个人信息的安全。社交App的运营商在接到林娜的投诉后，应当立即删除泄露林娜个人信息的相关帖子，并对相关信息的发布者进行封号处理。

《个人信息保护法》第六十九条第一款规定：“处理个人信息侵害个人信息权益造成损害，个人信息处理者不能证明自己没有过错的，应当承担损害赔偿等侵权责任。”对于林娜提出的赔偿诉求，社交App的运营商如无法证明已经采取措施确保个人信息处理活动符合法律、行政法规的规定，并防止未经授权的访问以及个人信息泄露、篡改、丢失的，则可能需要承担侵权责任。而且该款社交App的运营商有义务协助林娜与发帖的用户进行交涉，若运营商无法联系到发帖的用户，还可能要承担相应的连带责任。

生活小贴士

1. 对网络用户而言，其需要提升对个人信息的保护意识和管理能力，不随意在网络平台上发布个人信息，防止个人信息遭受不法侵害。

2. 网络用户如遇到个人信息遭受泄露及篡改的情况，可向网信部门进行投诉、举报；也可以直接向法院提起民事诉讼，要求网络运营商承担侵权损害赔偿责任。

3. 网络运营商要落实信息安全管理者的责任，加大宣传教育、行业自律和技术防控的力度。

法律速递

《个人信息保护法》

第十条　任何组织、个人不得非法收集、使用、加工、传输他人个人信息，不得非法买卖、提供或者公开他人个人信息；不得从事危害国家安全、公共利益的个人信息处理活动。

第五十七条　发生或者可能发生个人信息泄露、篡改、丢失的，个人信息处理者应当立即采取补救措施，并通知履行个人信息保护职责的部门和个人。通知应当包括下列事项：

（一）发生或者可能发生个人信息泄露、篡改、丢失的信息种类、原因和可能造成的危害；

（二）个人信息处理者采取的补救措施和个人可以采取的减轻危害的措施；

（三）个人信息处理者的联系方式。

个人信息处理者采取措施能够有效避免信息泄露、篡改、丢失造成危害的，个人信息处理者可以不通知个人；履行个人信息保护职责的部门认为可能造成危害的，有权要求个人信息处理者通知个人。

第五十八条　提供重要互联网平台服务、用户数量巨大、业务类型复杂的个人信息处理者，应当履行下列义务：

（一）按照国家规定建立健全个人信息保护合规制度体系，成立主要由外部成员组成的独立机构对个人信息保护情况进行监督；

（二）遵循公开、公平、公正的原则，制定平台规则，明确平台内产品或者服务提供者处理个人信息的规范和保护个人信息的义务；

（三）对严重违反法律、行政法规处理个人信息的平台内的产品或者服务提供者，停止提供服务；

（四）定期发布个人信息保护社会责任报告，接受社会监督。

第六十九条第一款　处理个人信息侵害个人信息权益造成损害，个人信息处理者不能证明自己没有过错的，应当承担损害赔偿等侵权责任。

14 网络平台能随意公开举报人的信息吗？

小陈是某直播平台的用户，在该直播平台观看主播直播的一段时间里，小陈发现自己关注的两位主播“灵灵”和“星儿”

的直播尺度涉嫌色情宣传，小陈觉得主播违规直播，万一未成年人刷到这些视频，会对他们的身心健康发展产生严重的负面影响。

于是，小陈向该直播平台实名举报，通过邮件向平台指出两位主播的违规情况。因为担心被打击报复，小陈在举报的同时也向直播平台明确表示，要求平台对自己的举报行为和举报内容进行保密、不得公开。

然而，向平台举报三天后，小陈就收到了主播“灵灵”和“星儿”的信息，两位主播都向他转发了含有其姓名及举报内容附件中微信头像截图等的举报邮件截图，两位主播均与小陈沟通了举报投诉的事宜。

小陈随即与直播平台交涉，客服回复直播平台确实在与主播核实情况时将小陈的个人信息透露给了主播。小陈认为直播平台在自己明确表示不能公开自己身份和举报内容的前提下将自己的个人信息进行公开，侵害了自己的隐私权及个人信息权益，于是起诉到法院要求直播平台进行赔偿。

律师说法

《民法典》第一千零三十二条规定：“自然人享有隐私权。任何组织或者个人不得以刺探、侵扰、泄露、公开等方式侵害他人的隐私权。隐私是自然人的私人生活安宁和不愿为他人知晓的私密空间、私密活动、私密信息。”《民法典》第一千零三十三条明确除法律另有规定或者权利人明确同意外，任何组织或者个人不得公开他人的私密活动和处理他人的私密信息。小陈已明确告知直播平台不能公开自己的信息，所以小陈举报主播涉嫌违规的行为和内容均属于小陈的隐私。

《个人信息保护法》第六条规定：“处理个人信息应当具有明确、合理的目的，并应当与处理目的直接相关，采取对个人权益影响最小的方式。收集个人信息，应当限于实现处理目的的最小范围，不得过度收集个人信息。”直播平台在接到用户举报的材料后，只需要内部进行调查核实和处理，无须将举报材料发给被举报人。因此在本案中直播平台将小陈的举报内容发给被举报主播，属于处理用户个人信息时将收集的信息作超出目的的利用。

小陈举报的邮件涉及小陈的姓名、举报内容和微信头像等，外界能够通过该信息识别出小陈的真实身份，该网络直播平台在未经小陈同意的情况下将小陈的个人信息公开，让被举报人知道了小陈的身份，侵害了小陈的隐私权和个人信息权益。

而小陈的权利遭到侵犯若要主张赔偿的，需要证明自己因为遭到侵权而导致的经济损失具体有多少，如果无法证明，法院就不会支持小陈的请求，但是民事侵权受害一方还可以主张精神损害抚慰金，法院会根据侵权一方的主观恶意以及案件的实际情况进行具体金额的判定。

生活小贴士

1. 公民个人在向第三方举报他人存在违法违规行为时，有权明确要求第三方不得公开自己的个人身份及举报内容。若第三方在未征得举报人同意的情况下泄露举报人个人信息的，公民个人要做好证据保全工作，比如被举报人联系举报人的，举报人可以即时录音证明被举报人知道了举报的内容，从而可以证明自己的个人信息被第三方泄露。针对第三方泄露举报人个人信息的，举报人可以向法院起诉要求第三方赔偿精神损害抚慰金，同时可以收集自己因为个人信息泄露而遭到经济损失的证据，进行索赔。

2. 虽然公民个人有权明确表示第三方不得泄露自己的信息，且法律规定第三方在未征得举报人同意的情况下不得公布其个人信息和举报内容，但是公民个人为了保护自己的个人隐私或确保个人信息不受侵犯，也要做好主动保护措施，在向第三方举报他人存在违法违规行为时，建议隐去自己姓名和删除能识别自己身份的信息。

3. 如今电商经营已成趋势，许多企业均有网上业务，作为经营网络平台的企业，要建立保护用户隐私的制度并完善处理用户信息收集处理的流程，不得在处理用户信息时泄露给第三方。企业还应当加强对员工《个人信息保护法》方面的培训，提高员工对用户隐私和个人信息的保护意识。

法律速递

《民法典》

第一千零三十二条 自然人享有隐私权。任何组织或者个人不得以刺探、侵扰、泄露、公开等方式侵害他人的隐私权。

隐私是自然人的私人生活安宁和不愿为他人知晓的私密空间、私密活动、私密信息。

第一千零三十三条 除法律另有规定或者权利人明确同意外，任何组织或者个人不得实施下列行为：

（一）以电话、短信、即时通讯工具、电子邮件、传单等方式侵扰他人的私人生活安宁；

（二）进入、拍摄、窥视他人的住宅、宾馆房间等私密空间；

（三）拍摄、窥视、窃听、公开他人的私密活动；

（四）拍摄、窥视他人身体的私密部位；

（五）处理他人的私密信息；

（六）以其他方式侵害他人的隐私权。

《个人信息保护法》

第六条　处理个人信息应当具有明确、合理的目的，并应当与处理目的直接相关，采取对个人权益影响最小的方式。

收集个人信息，应当限于实现处理目的的最小范围，不得过度收集个人信息。

第三章

未成年人个人信息特殊保护

❶ 线下采集的未成年人的信息，能否随意使用？

小雯今年6周岁，即将步入小学校园。小雯的母亲丽芳为了让小雯更好地适应小学生活，将小雯安排到一家教育机构就读幼小衔接班。该教育机构在小雯父母不知情的情况下，为小雯安排了一场所谓的小学入学模拟面试训练。面试过程中，在小雯进行自我介绍和常识类的简单问答后，面试老师话锋一转，询问小雯的居住地址及父母的联系方式，毫无戒备的小雯认认真真地一一进行了回答。小雯回家后，满脸高兴地告诉父母教育机构开展了模拟面试，可丽芳认为，小雯模拟面试过程中，教育机构人员在未征得自己同意的情况下，擅自询问小雯关于居住地址、父母联系方式等相关信息极为不妥。

这之后的一天，丽芳接到当地一家面向儿童的语言培训机构的电话，来电者不仅明确知晓小雯的姓名、年龄、家庭情况等极其精准的个人信息，而且直接指出小雯在此前模拟面试过程中出现的语言表达方面的问题，并推荐相关的培训课程。

在丽芳的再三追问下，来电者终于承认关于小雯及其父母的相关信息正是来源于那次模拟面试，而所谓的模拟面试则是该语言培训机构与幼小衔接教育机构联合举办的。丽芳非常生气，要求该两家机构立即删除小雯的相关信息，并且在公开媒体上进行赔礼道歉。

律师说法

近年来，国家立法层面上对未成年人信息保护的力度在不断加大。《儿童个人信息网络保护规定》《未成年人网络保护条例》等专门针对未成年人信息网络保护的法律法规的规划、制定和出台，更是为未成年人信息权益保驾护航。但是，各种民办教育机构通过传统的线下方式采集未成年人个人信息的行为，依然是侵害未成年人信息权益的重灾区。

最新出台的《个人信息保护法》将不满14周岁未成年人的所有个人信息作为敏感个人信息进行升级保护。这意味着个人信息处理者只有在具有特定的目的和充分的必要性，并采取严格保护措施的前提下，方可处理不满14周岁未成年人的个人信息。

不满14周岁的未成年人，由于属于无民事行为能力人或者限制民事行为能力人，尚不能或者不能完全辨认自己的行为，所以对于个人信息处理的可能后果无法作出非常准确的判断。因此，《个人信息保护法》对未成年人信息处理作了特殊规定。其第三十一条规定，“个人信息处理者处理不满十四周岁未成年人个人信息的，应当取得未成年人的父母或者其他监护人的同意。个人信息处理者处理不满十四周岁未成年人个人信息的，应当制定专门的个人信息处理规则”。所以，在对不满14周岁的未成年人的个人信息进行收集、使用、保存等信息处理时都需事先征得其父母或者监护人的单独同意，并且制定专门的个人信息处理规则，告知未成年人及其父母或者监护人处理未成年人个人信息的必要性。

本案中，小雯年仅6周岁，教育机构及培训机构在收集、保存、使用小雯的个人信息时并未事先取得小雯父母的同意，明显违反了未成年人个人信息保护领域的相关规定。且《未成年人保护法》第七十二条第二款规定："未成年人、父母或者其他监护人要求信息处理者更正、删除未成年人个人信息的，信息处理者应当及时采取措施予以更正、删除，但法律、行政法规另有规定的除外。"因此，在小雯的父母明确要求删除小雯个人信息时，这两家机构应当及时予以删除；并且通过公开媒体对小雯及小雯父母赔礼道歉。否则，小雯的父母可以通过提起民事诉讼保护小雯的个人信息权益。

生活小贴士

1. 日常生活中，父母应加强对未成年人个人信息保护意识和能力的培养。如若发生未成年人个人信息泄露的事件，应当引起父母足够重视，通过法律途径积极维权，防止损害结果进一步扩大。

2. 学校应积极开展《未成年人保护法》《个人信息保护法》等相关涉及未成年人个人信息保护的普法课程，通过讲解实际案例的方式，向未成年人普及个人信息保护的法律小知识。

法律速递

《个人信息保护法》

第二十八条　敏感个人信息是一旦泄露或者非法使用，容易导致自然人的人格尊严受到侵害或者人身、财产安全受到危害的个人信息，包括生物识别、宗教信仰、特定身份、医疗健康、金融账户、行踪轨迹等信息，以及不满十四周岁未成年人的个人信息。

只有在具有特定的目的和充分的必要性，并采取严格保护措施的情形下，个人信息处理者方可处理敏感个人信息。

第三十一条　个人信息处理者处理不满十四周岁未成年人个人信息的，应当取得未成年人的父母或者其他监护人的同意。

个人信息处理者处理不满十四周岁未成年人个人信息的，应当制定专门的个人信息处理规则。

《未成年人保护法》

第七十二条　信息处理者通过网络处理未成年人个人信息的，应当遵循合法、正当和必要的原则。处理不满十四周岁未成年人个人信息的，应当征得未成年人的父母或者其他监护人同意，但法律、行政法规另有规定的除外。

未成年人、父母或者其他监护人要求信息处理者更正、删除未成年人个人信息的，信息处理者应当及时采取措施予以更正、删除，但法律、行政法规另有规定的除外。

2 线上教育平台收集未成年人的信息，是否需要征得监护人的同意？

小露是一名12岁的初中学生，从小爱看动漫的她每个周末都在“小画家”培训机构学习美术。2020年，因受到新冠肺炎疫情的影响，“小画家”培训机构将线下课程统一改为线上课程。学生只需登录“小画家”开发的App，即可在线上完成一系列课程学习，与老师进行同步互动。

某日，小露的妈妈在一旁陪小露上课，无意中发现该线上课程每节课均需小露进行脸部识别打卡。小露还告诉妈妈，在初始注册该App时，需要填入本人的真实姓名、年龄、联系方式、就读学校等个人信息，如果不填写则无法注册使用线上课程。小露的妈妈认为，小露是未成年人，该App在未征得监护人同意的前提下收集未成年人的个人信息且未告知信息收集的目的，损害了未成年人的合法权益，应属违法行为。

律师说法

受到新冠肺炎疫情的影响，在线教育行业飞速发展，传统教育行业纷纷探索在线教育的新模式、新技术。线上教育领域迎来发展机遇的同时，也出现了很多新问题，特别是在个人信息保护方面，遭遇了前所未有的挑战。

在线教育平台服务的对象大多是中小学生，属于无民事行为能力人或限制行为能力人，不具备完全的辨别能力和理解能力，也尚未树立健全的信息保护意识。《个人信息保护法》将不满 14 周岁的未成年人个人信息规定为敏感个人信息，对其个人信息处理提出了更高的保护要求，设立了监护人同意制度。

无论是《未成年人保护法》第七十二条，还是《个人信息保护法》第三十一条，以及《儿童个人信息网络保护规定》第九条均规定，个人信息处理主体处理不满 14 周岁未成年人个人信息的，应当取得未成年人的父母或者其他监护人的同意。同时，《儿童个人信息网络保护规定》第十条对于线上网络平台在处理不满 14 周岁未成年人的个人信息之前应当告知的内容作出了明确规定，主要包括个人信息收集、存储、使用、转移、披露的目的、方式和范围，存储的地点、期限和到期后的处理方式以及安全保障措施，同时也赋予监护人对未成年人个人信息的处理的知情权和决定权。若发现收集、存储的未成年人个人信息有错误的，未成年人或监护人有权要求予以更正，线上教育平台应当及时采取措施予以更正。若发现线上教育平台违反法律、行政法规的相关规定，用户协议的约定，或者超出目的范围或必要期限收集、存储、使用、转移、披露未成年人个人信息的，未成年人或监护人有权要求删除个人信息。

本案中，“小画家” App 在未征得小露监护人明确同意的前提下收集小露的个人信息，违反了《个人信息保护法》及《未成年人保护法》的相关规定，侵犯了小露的合法权益，小露的监护人有权要求“小画家”App明确告知收集小露个人信息的目的和使用范围，并且要求删除已储存的小露的个人信息。

生活小贴士

1. 线上教育平台在设计隐私政策时应充分考虑未成年人的特殊性，隐私政策应封闭式列举对未成年人个人信息的处理方式和使用目的，并提示监护人阅读。同时，在收集未成年人个人信息的阶段，设置监护人明示同意的前置程序。明示同意的前置程序可包括要求监护人进行人脸识别，或者通过邮件、电话等方式与监护人进行确认。

2. 未成年人的监护人如发现线上教育App违规收集未成年人个人信息，可以通过“App个人信息举报”微信公众号或者“pip.tc260.org.cn”网站进行举报；同时，亦可通过法律途径，要求平台方承担停止侵权、赔礼道歉、消除影响、赔偿损失等法律责任。

法律速递

《个人信息保护法》

第二十八条　敏感个人信息是一旦泄露或者非法使用，容易导致自然人的人格尊严受到侵害或者人身、财产安全受到危害的个人信息，包括生物识别、宗教信仰、特定身份、医疗健康、金融账户、行踪轨迹等信息，以及不满十四周岁未成年人的个人信息。

只有在具有特定的目的和充分的必要性，并采取严格保护措施的情形下，个人信息处理者方可处理敏感个人信息。

第三十一条　个人信息处理者处理不满十四周岁未成年人个人信息的，应当取得未成年人的父母或者其他监护人的同意。

个人信息处理者处理不满十四周岁未成年人个人信息的，应当制定专门的个人信息处理规则。

《未成年人保护法》

第七十二条　信息处理者通过网络处理未成年人个人信息的，应当遵循合法、正当和必要的原则。处理不满十四周岁未成年人个人信息的，应当征得未成年人的父母或者其他监护人同意，但法律、行政法规另有规定的除外。

未成年人、父母或者其他监护人要求信息处理者更正、删除未成年人个人信息的，信息处理者应当及时采取措施予以更正、删除，但法律、行政法规另有规定的除外。

第七十六条　网络直播服务提供者不得为未满十六周岁的未成年人提供网络直播发布者账号注册服务；为年满十六周岁的未成年人提供网络直播发布者账号注册服务时，应当对其身份信息进行认证，并征得其父母或者其他监护人同意。

《儿童个人信息网络保护规定》

第九条　网络运营者收集、使用、转移、披露儿童个人信息的，应当以显著、清晰的方式告知儿童监护人，并应当征得儿童监护人的同意。

第十条　网络运营者征得同意时，应当同时提供拒绝选项，并明确告知以下事项：

（一）收集、存储、使用、转移、披露儿童个人信息的目的、方式和范围；

（二）儿童个人信息存储的地点、期限和到期后的处理方式；

（三）儿童个人信息的安全保障措施；

（四）拒绝的后果；

（五）投诉、举报的渠道和方式；

（六）更正、删除儿童个人信息的途径和方法；

（七）其他应当告知的事项。

前款规定的告知事项发生实质性变化的，应当再次征得儿童监护人的同意。

3 朋友圈“晒娃”，信息泄露反“坑”娃？

李立结婚十年，直到34岁才生育一女儿。女儿的出生来之不易，李立对孩子视若珍宝，含在嘴里都怕化了，从女儿出生到上幼儿园，他天天都会在朋友圈分享女儿的照片，想记录其成长轨迹。

一天，李立准备去幼儿园接女儿回家，出发前却收到了一封来自女儿的“求助信”。信息详细说出了李立的家庭住址、家庭状况，甚至还附上了他女儿在幼儿园里的照片，威胁称若不在1小时内向信中载明账户转账50万元，就不能保证他女儿的安全。李立打电话向幼儿园确认女儿还在园内，这才放心去报警。

警方经过查证，最终成功抓获了一个诈骗团伙。李立很疑惑，这些骗子怎么能这么详细地知道自己的个人信息？警察称，因为李先生常在朋友圈分享女儿的信息，这才让骗子们有了获取信息的渠道。李立很无奈，在朋友圈“晒娃”，没想到把娃给“坑”了。

律师说法

《儿童个人信息网络保护规定》自2019年10月1日起施行，该规定针对儿童个人信息安全保护，规定网络运营者收集、使用、转移、披露儿童个人信息的，应当以显著、清晰的方式告知儿童监护人，并应当征得儿童监护人的同意。

《个人信息保护法》则对《儿童个人信息网络保护规定》作了更进一步的细化，规定个人信息处理者处理不满14周岁未成年人个人信息的，应当取得未成年人的父母或者其他监护人的同意。李立在网络上分享个人生活是其个人权利，但是他人却不能在未经监护人同意的情况下，收集并处理儿童的个人信息。

本案中，诈骗团伙虽然不是李立的微信好友，但李立未开启微信朋友圈中的“屏蔽陌生人”功能，相当于李立未为自己的朋友圈采取保护措施，那么诈骗团伙就可以通过搜索李立的账号，窥探李立近期发布的10条朋友圈，从而窃取李立孩子的个人信息，对李立进行诈骗。

生活小贴士

网络是敏感信息泄露的“重灾区”，公民在网络上分享自己的生活，要注意以下几点：

1. 不要随便添加微信好友。网络上的人形形色色，在不清楚其底细的时候不要随便添加好友，以免有不法分子混入造成财产或人身损失。

2. 关闭隐私设置中“允许陌生人查看最近10张照片”的权限，在未添加好友的情况下，陌生人无法查看自己发布的照片，避免出现像本案中李立朋友圈信息外泄的风险。

3. 家长在网络平台分享子女的照片时，建议尽量不要分享带正脸的图片，必要时打码处理，同时也建议家长不要透露孩子上学以及放学后常去的地点，避免信息外泄而导致不法分子利用这些信息定位到孩子本人。

4. 家长遇到机构推销时，建议不要填写自己及子女的个人信息。首先，该机构是否正规、合法难以考证；其次，不向陌生第三方透露个人信息，可以避免日后频繁的电话骚扰，也可以防止机构把收集到的个人信息非法出售。

法律速递

《个人信息保护法》

第二十八条　敏感个人信息是一旦泄露或者非法使用，容易导致自然人的人格尊严受到侵害或者人身、财产安全受到危害的个人信息，包括生物识别、宗教信仰、特定身份、医疗健康、金融账户、行踪轨迹等信息，以及不满十四周岁未成年人的个人信息。

只有在具有特定的目的和充分的必要性，并采取严格保护措施的情形下，个人信息处理者方可处理敏感个人信息。

第三十一条　个人信息处理者处理不满十四周岁未成年人个人信息的，应当取得未成年人的父母或者其他监护人的同意。

个人信息处理者处理不满十四周岁未成年人个人信息的，应当制定专门的个人信息处理规则。

《儿童个人信息网络保护规定》

第九条　网络运营者收集、使用、转移、披露儿童个人信息的，应当以显著、清晰的方式告知儿童监护人，并应当征得儿童监护人的同意。

4 学校公示受助学生个人信息，是否侵犯学生的个人信息权益？

小杨是个来自山区的女孩，通过村里的补贴和自己的努力，考上了某大学。了解到学校有针对贫困学生的帮扶计划，只要是符合条件的学生，校方每年都会支付一定金额的助学金，小杨于是按照学校规定填好表格并上交了贫困证明等材料。校方在审查了小杨的资料和了解了小杨的实际情况后，同意向小杨支付助学金。

然而不久后，小杨发现校方对自己可以获得助学金的相关事宜进行了全校公示，公示信息包括自己的家庭住址、身份证号码、银行卡号、手机号码等个人信息。小杨认为学校公示受助学生信息应该有限度，无限度地公开可能会对自己的生活产生一定的影响。

校方则回应称，学校公示受助学生的个人信息，是为了保证资助能够公平、公开进行。

律师说法

首先，《教育部办公厅关于全面清理和规范学生资助公示信息的紧急通知》已明确，对于公示期内的学生资助信息，必须将公示信息中含有的学生身份证件号码、家庭住址、电话号码、出生日期、银行卡号等敏感个人信息全部删除。坚持信息简洁、够用原则，公示受助学生姓名、学校、院系、年级、专业、班级等基本信息。也就是说，学生资助公示信息原则上仅包括受助学生的姓名、学校、院系、年级、专业、班级等基本信息。大学将受助学生的家庭住址、身份证号码、银行卡号、手机号码等个人信息也一并公示，超出了可公开信息的范围。

其次，《个人信息保护法》第二十八条第二款规定："只有在具有特定的目的和充分的必要性，并采取严格保护措施的情形下，个人信息处理者方可处理敏感个人信息。"大学公示受助学生个人信息，本是为了向公众明示国家财政拨付下来的资金使用明细，避免暗箱操作。而对于受助学生提交材料的真实性，早在公示前就经过核实。公示受助学生的敏感个人信息，对公众明了资金明细并无必要。也就是说，大学公布小杨的敏感个人信息既没有特定的目的也没有充分的必要性，大学的行为违反了《个人信息保护法》的规定，侵害了小杨的个人信息权益。

生活小贴士

1. 学校公示受助学生的个人信息，应有特定的目的和充分的必要性，不得公示学生的身份证件号码、家庭住址、电话号码、出生日期、银行卡号等与公示目的无关的敏感个人信息。学校对于过往已经公示的信息也应进行审查，如含有敏感个人信息的，应将敏感部分全部删除。

2. 学校在公示受助学生个人信息前，建议对学生个人充分告知处理个人信息的必要性以及对个人权益的影响。

法律速递

《个人信息保护法》

第二十八条 敏感个人信息是一旦泄露或者非法使用，容易导致自然人的人格尊严受到侵害或者人身、财产安全受到危害的个人信息，包括生物识别、宗教信仰、特定身份、医疗健康、金融账户、行踪轨迹等信息，以及不满十四周岁未成年人的个人信息。

只有在具有特定的目的和充分的必要性，并采取严格保护措施的情形下，个人信息处理者方可处理敏感个人信息。

《教育部办公厅关于全面清理和规范学生资助公示信息的紧急通知》

二、进一步规范学生资助信息公示工作

各地各校公示学生资助信息时，要严格遵循国家有关个人信息保护的相关法规制度，坚持信息简洁、够用原则，公示受助学生姓名、学校、院系、年级、专业、班级等基本信息，不得将学生身份证件号码、家庭住址、电话号码、出生日期等个人敏感信息进行公示。

5 App运营商能否未经父母同意许可未成年人用户注册?

王兵今年8岁，平时非常喜欢玩手机游戏。暑假时，王兵发现某款新上市的游戏非常好玩，于是背着父母，偷偷利用父母的手机下载了该游戏App。由于该游戏App并不禁止未成年人注册账号，王兵根据游戏App的要求提供了生日、性别、家庭住址等个人信息后，便成功注册了账号。

王兵注册账号成功后便沉迷游戏，没日没夜地玩手机，甚至花费数万元购买游戏装备。王兵父母发现后非常生气，质问王兵为什么未经父母同意就可以注册游戏账号，还可以使用付款功能。王兵当场给父母演示了一遍自己是如何注册游戏账号以及使用付款功能的。王兵父母发现，王兵没有说谎，即便是未成年人注册该游戏App的账号，也只需要按照要求提供个人信息即可，不需要获得父母的同意。

王兵父母觉得该游戏App未经父母同意就允许未成年人注册账号的行为侵害了未成年人的权益，便联系游戏App开发商，希望其调整游戏账号注册的条件，增加未成年人注册账号需要获得父母同意的条款。可开发商以App无须代替监护人履行监管职责为由，拒绝了王兵父母的要求。王兵父母一气之下将该游戏App诉至法院。

律师说法

随着越来越多的未成年人开始接触网络，网络使用者的平均年龄正在不断下降。网络在丰富未成年人精神文化生活的同时，也衍生出了未成年人沉迷上网、过度消费等问题。部分网络开发商甚至在未经未成年人父母或其他监护人同意的情况下，肆意收集未成年人个人信息，侵害未成年人的合法权益。

《个人信息保护法》第三十一条第一款规定："个人信息处理者处理不满十四周岁未成年人个人信息的，应当取得未成年人的父母或其他监护人的同意。"由于未成年人身心尚未成熟，其认知能力、辨别能力和自我保护能力相对较弱。如果放任收集未成年人个人信息的行为，容易造成未成年人个人信息的泄露，导致未成年人人身、财产安全遭受不法侵害。

本案中，王兵仅8岁，属于未成年人，尚不完全具备民事行为能力。因为在该游戏App注册账号需要收集相应的个人信息，针对王兵这样的未成年人，游戏App理应事先征得王兵父母或其他监护人的同意。而游戏App在未经王兵父母或其他监护人同意的情况下，擅自收集王兵的个人信息并允许王兵注册游戏账号，属于违法违规收集个人信息，应承担相应责任。

营造健康的未成年人上网环境离不开家庭和社会的共同努

力，因此，网络经营者在开发 App 时，应针对未成年人制定专门的个人信息处理规则，并指定专人负责处理。在收集未成年人的个人信息后应妥善保管，设置严格的访问权限，控制知悉范围，避免无关人士轻易获取未成年人的个人信息。一旦发现未成年人未经监护人同意擅自注册账号，应及时提醒未成年人的监护人，在征得监护人的同意后才可以允许未成年人注册账号。

生活小贴士

1. 父母作为未成年人的监护人，应当正确履行监护职责，教育引导未成年人增强保护个人信息的意识和能力，发现第三方非法收集未成年人个人信息的，有权向第三方提出删除、停止披露未成年人个人信息的要求。

2. 若发现未成年人个人信息遭恶意泄露或违规使用，可以向网信部门或其他有关部门举报，要求相关部门对恶意泄露未成年人个人信息者或者违规使用未成年人个人信息者进行处理。

法律速递

《个人信息保护法》

第三十一条　个人信息处理者处理不满十四周岁未成年人个人信息的，应当取得未成年人的父母或者其他监护人的同意。

个人信息处理者处理不满十四周岁未成年人个人信息的，应当制定专门的个人信息处理规则。

6 学校可否要求未成年学生提供家长的职业信息？

小明今年7岁，刚升入小学。入学第一天，小明就收到了班主任发的学生个人信息登记表，要求小明填写完整后交回学校，其中要求提供的信息除了学生本人的身高、年龄等基础信息，还包括学生家长的职业、身份等信息。

小明回家后告诉妈妈需要填写学生个人信息登记表。小明妈妈发现登记表中还要求提供家长的职业、身份等信息，感到十分不解。由于小明爸爸的职业特殊性，不方便对外透露职业信息，于是小明妈妈联系学校询问是否可以不予提供。

学校回复，收集家长的职业信息是为了方便家长之间的信息交流以及学校的资源整合，如无特殊情况，最好都要提供。但小明妈妈认为家长的职业与孩子上学并无直接关系，学校无权收集家长的职业信息，最终拒绝填写学生个人信息登记表。

律师说法

“因材施教”是教育学界重要的理念之一，很多学校认为，从学生的原生家庭出发，才能根据学生以及学生家庭的特点采取相应的教学方式，从而为学生提供良好的教育，也方便学校进行资源整合。因此，很多学校都会要求学生提供家长职业等家庭背景信息。

《个人信息保护法》第六条规定：“处理个人信息应当具有明确、合理的目的，并应当与处理目的直接相关，采取对个人权益影响最小的方式。收集个人信息，应当限于实现处理目的的最小范围，不得过度收集个人信息。”

本案中，作为未成年人，接受义务教育是小明的法定权利。无论小明的父母是什么职业，都不会成为小明接受义务教育的阻碍，小明接受义务教育是否适格只与小明本人的年龄有直接的关系。因此，小明家长的职业属于与小明接受义务教育无直接关系的个人信息，小明及小明家长均有权拒绝向学校提供。学校无权强制小明及小明家长提供，也不得因为小明及小明家长拒绝提供此类个人信息而剥夺小明接受义务教育的权利或者歧视小明。

学校等教育机构作为个人信息收集者，虽然有权收集学生的个人信息，但收集的学生个人信息应该仅限于与学生受教育相关。对于与学生受教育无关的个人信息，不应过度收集。如果是学生和学生家长明确表示不愿意提供的个人信息，更不能强制要求学生和学生家长提供，否则涉嫌侵犯学生的个人信息权益。

生活小贴士

1. 学校等教育机构作为教育工作者，应当端正心态，不因学生的家庭背景不同而对其区别对待，而应平等对待每一位适格受教育的学生，正确履行教育工作者的职责。

2. 学生以及学生家长发现学校等教育机构存在过度收集与受教育无关的个人信息的行为，有权拒绝提供，并向教育管理部门投诉，要求其对学校等教育机构进行处理。

法律速递

《个人信息保护法》

第六条 处理个人信息应当具有明确、合理的目的，并应当与处理目的直接相关，采取对个人权益影响最小的方式。

收集个人信息，应当限于实现处理目的的最小范围，不得过度收集个人信息。

7 游戏公司可以为了建设游戏防沉迷系统而强制收集未成年人的个人信息吗?

某游戏公司最近很烦恼，新修改的《未成年人保护法》规定，不得让未成年人接触不适宜的游戏或者游戏功能，且不得在每日晚上10时至次日早上8时向未成年人提供网络游戏服务。

前者不难解决，因为登录游戏需要成年人的身份证号码信息——但也仅在登录阶段。登录之后，游戏背后的人是谁，不得而知。针对特定时间段的监督，技术人员提出了“晚间巡逻”的想法，即在每日晚上10时至次日早上8时，要求疑似未成年人的用户再进行一次人脸识别，以查明用户是否为未成年人。

然而，公司的法务很快提出了质疑，可以在不经监护人同意的情形下擅自收集未成年人的个人信息吗？

律师说法

随着时代发展，游戏从“精神毒品”转化为竞技项目，经历了许多变迁。然而，对于未成年人而言，无节制地沉迷游戏绝无好处。为了防止未成年人沉迷游戏，许多游戏开发者都要求用户在登录时适用实名制，用真实身份信息进行登录。“上有政策，下有对策”，很多未成年人早已学会在家长的纵容下用其身份信息进行登录。这虽然令开发者们感到无奈，但并不代表开发者们可以为了达到核实身份的目的而侵害未成年人的隐私。

《个人信息保护法》第二十八条至第三十一条表明，未成年人，特别是未满14周岁的未成年人的个人信息属于敏感个人信息，不仅要经过监护人的单独同意，还要向其告知处理敏感个人信息的必要性以及对个人权益的影响。也就是说，处理未满

14 周岁未成年人的个人信息需要受到更多的限制。

因此，对于该游戏公司来说，“晚间巡逻”的想法确实存在侵害未成年人个人信息权益的法律隐患。对于 14 周岁以上的未成年人，游戏公司可以在获得其同意的前提下，为遵守法律规定而收集其个人信息。但对于 14 周岁以下的未成年人，还必须得到其监护人的同意，否则会涉及对未成年人个人信息权益的侵犯。

生活小贴士

1. 收集未成年人个人信息前，要掌握“告知”加“同意”原则，告知其收集个人信息的目的并获取其同意。对于未满 14 周岁的未成年人，还应征得其监护人的同意。

2. 可考虑采取其他方式验证游戏用户是否为未成年人，如制定问题清单，要求用户回答一系列除了成年人外难以回答的问题。

3. 未成年人的监护人应加强对未成年人的监督与管理，编制时间表，安排未成年人合理玩游戏。

法律速递

《个人信息保护法》

第二十八条　敏感个人信息是一旦泄露或者非法使用，容易导致自然人的人格尊严受到侵害或者人身、财产安全受到危害的个人信息，包括生物识别、宗教信仰、特定身份、医疗健康、金融账户、行踪轨迹等信息，以及不满十四周岁未成年人的个人信息。

只有在具有特定的目的和充分的必要性，并采取严格保护措施的情形下，个人信息处理者方可处理敏感个人信息。

第二十九条　处理敏感个人信息应当取得个人的单独同意；法律、行政法规规定处理敏感个人信息应当取得书面同意的，从其规定。

第三十条　个人信息处理者处理敏感个人信息的，除本法第十七条第一款规定的事项外，还应当向个人告知处理敏感个人信息的必要性以及对个人权益的影响；依照本法规定可以不向个人告知的除外。

第三十一条　个人信息处理者处理不满十四周岁未成年人个人信息的，应当取得未成年人的父母或者其他监护人的同意。

个人信息处理者处理不满十四周岁未成年人个人信息的，应当制定专门的个人信息处理规则。

8 学校可否使用视频监控系统对未成年学生进行管理？

阿挥是某中学初一的学生，寒假结束回校后，他发现学校管理发生了巨大的变化。除学校的校门、图书馆、宿舍均换上了人脸识别门禁外，教室里也都安装上了人脸识别系统进行考勤。

开学第一天，阿挥的班主任王老师就登录了校内的监测系统，打算开始观察学生们的上课情况，并进行随机的抽查。在短短的一周内，系统上便显示出包括阿挥在内的五名学生存在迟到、早退等违反校规校纪的行为。王老师在班会上对阿挥等人进行了严肃的批评，并将事先在监测系统内录下的违纪行为当场播放。阿挥的自尊心很受打击，认为学校未经自己允许处理了自己的面部信息并公之于众，表示再也不想在这样被监控的环境下学习和生活，于是向父母提出了强烈的转学意愿。学校则表示，做这些都是为了更好地评估教学质量和加强学生的学习自主性，并不违法。

律师说法

校方为了管理便利以及考勤方便，借助科技手段通过人脸识别对未成年学生进行管理的方法，有违《个人信息保护法》和《未成年人保护法》的相关规定。《个人信息保护法》第二十八条第一款规定，未成年人的个人信息属于敏感个人信息，同时《个人信息保护法》第三十一条、《未成年人保护法》第七十二条第一款、《最高人民法院关于审理使用人脸识别技术处理个人信息相关民事案件适用法律若干问题的规定》第二条第三项均规定了处理不满14周岁未成年人个人信息的，应当取得未成年人的父母或者其他监护人的同意。

本案中，学校在未征得在校学生及其监护人同意的情况下收集了包括阿挥在内的未成年学生的个人信息。阿挥为初一学生，属于未满 14 周岁的未成年人，学校在未征得其家长同意的情况下采集人像信息并用于校方的管理，属于侵犯个人信息权益的行为。

生活小贴士

学校在面对未成年学生的个人信息处理问题时需要非常谨慎，应当事先取得未成年人的父母或者其他监护人的同意，在家长或其他监护人不同意的情况下，不应通过采集人像、指纹等个人信息的方式进行管理，家长或者其他监护人在知悉学校有违反相关法律的行为时，可以要求其停止采集和使用，并有权要求学校删除已采集的个人信息。

法律速递

《个人信息保护法》

第二十八条　敏感个人信息是一旦泄露或者非法使用，容易导致自然人的人格尊严受到侵害或者人身、财产安全受到危害的个人信息，包括生物识别、宗教信仰、特定身份、医疗健康、金融账户、行踪轨迹等信息，以及不满十四周岁未成年人的个人信息。

只有在具有特定的目的和充分的必要性，并采取严格保护措施的情形下，个人信息处理者方可处理敏感个人信息。

第三十一条　个人信息处理者处理不满十四周岁未成年人个人信息的，应当取得未成年人的父母或者其他监护人的同意。

个人信息处理者处理不满十四周岁未成年人个人信息的，应当制定专门的个人信息处理规则。

《未成年人保护法》

第七十二条　信息处理者通过网络处理未成年人个人信息的，应当遵循合法、正当和必要的原则。处理不满十四周岁未成年人个人信息的，应当征得未成年人的父母或者其他监护人同意，但法律、行政法规另有规定的除外。

未成年人、父母或者其他监护人要求信息处理者更正、删除未成年人个人信息的，信息处理者应当及时采取措施予以更正、删除，但法律、行政法规另有规定的除外。

《最高人民法院关于审理使用人脸识别技术处理个人信息相关民事案件适用法律若干问题的规定》

第二条　信息处理者处理人脸信息有下列情形之一的，人民法院应当认定属于侵害自然人人格权益的行为：

……

（三）基于个人同意处理人脸信息的，未征得自然人或者其监护人的单独同意，或者未按照法律、行政法规的规定征得自然人或者其监护人的书面同意；

……

9 App是否可以在未经监护人同意的情况下索取未成年用户的位置权限?

小美今年12岁，恰逢小升初，小美母亲非常担心小美的学习问题。小美母亲经人介绍，发现了一款好用的答题App，便让小美在手机上下载并使用。

小美下载App后发现，要登录App需要注册新账号。而注册新账号除了需要提供自己的姓名、年龄、就读院校，还需要打开位置权限，让App获取实时位置，否则就无法注册新账号。无奈之下，小美只得允许App获取其位置权限。

几天后，小美母亲碰到了到家里推销补课课程的工作人员。小美母亲惊讶地发现上门的工作人员与App的运营商是同一家公司。小美母亲询问小美后才知道，原来小美当初在注册账户时开启过位置权限，所以App运营商才获取了小美家的地址。

小美母亲觉得小美是未成年人，而App运营商在未成年人监护人不在场的情况下，通过强制手段要求未成年人开启位置权限，侵犯了未成年人的个人信息权益，应予以赔偿。小美母亲遂起诉至法院。

律师说法

随着线上教育的普及，越来越多教育机构推出了针对未成年人的线上教育 App。由于线上教育 App 的功能主要是为未成年人提供教育辅导等帮助，许多家长就觉得即便让未成年人独自使用也不会出现问题。正因如此，越来越多线上教育 App 利用家长的信任和未成年人的懵懂非法收集未成年人的个人信息。

《个人信息保护法》第三十一条规定："个人信息处理者处理不满十四周岁未成年人个人信息的，应当取得未成年人的父母或其他监护人的同意。个人信息处理者处理不满十四周岁未成年人个人信息的，应当制定专门的个人信息处理规则。"

不满 14 周岁未成年人的个人信息属于敏感个人信息，敏感个人信息一旦泄露或者遭非法使用，容易导致不满 14 周岁未成年人的人格尊严受到侵害或者人身、财产安全受到威胁。因此，只有在具有特定目的和充分必要性并采取严格保护措施的情形下，才允许处理不满 14 周岁未成年人的个人信息。

本案中，小美 12 岁，属于不满 14 周岁的未成年人，线上教育 App 若需要小美提供位置权限等，应当取得小美父母或其他监护人的同意。在未经小美父母同意的前提下，强制小美提供位置权限，属于违法收集个人信息，小美及其父母有权拒绝提供，线上教育 App 不能强制小美及其父母提供。

除此之外，线上教育 App 还应针对小美等不满 14 周岁的未成年用户制定特殊的账户注册及使用规则，包括但不限于获取未成年用户监护人的同意、收集个人信息的目的以及个人信息的使用途径等。需要收集的未成年用户的个人信息必须与使用 App 有直接且必要的联系，不得过度收集。对于已收集的未成年用户的个人信息，还需妥善保管，做好安全保障措施。

生活小贴士

1. 即便是教育 App，未成年人在使用时也应有父母陪同，切勿因为是教育 App 就放松警惕。一旦发现教育 App 存在非法收集未成年人个人信息的行为，有权拒绝向其提供未成年人的相关个人信息。

2. 若发现未成年人个人信息遭恶意泄露或违规使用，可以向网信部门或其他有关部门举报，要求相关部门对恶意泄露未成年人个人信息者或者违规使用未成年人个人信息者进行处理。

法律速递

《个人信息保护法》

第三十一条　个人信息处理者处理不满十四周岁未成年人个人信息的，应当取得未成年人的父母或者其他监护人的同意。

个人信息处理者处理不满十四周岁未成年人个人信息的，应当制定专门的个人信息处理规则。

第四章

公民个人信息的刑事保护

❶ 以赠品诱骗群众提供个人信息办理电话卡入网是否构成犯罪？

王奶奶今年 70 岁，因为儿子和女儿都在外务工，丈夫又于早年去世，所以自己一个人居住在幸福小区。有一天，王奶奶的邻居告诉王奶奶小区门口在举行活动，只需要身份证就可以领取免费的花生油和大米。王奶奶听完，高兴地前往小区门口。

王奶奶到小区门口后，发现有身穿当地著名通讯公司制服的人员在摆摊。王奶奶上前询问活动的参与方式，自称通讯公司工作人员的人告诉王奶奶，只需要提供身份证号码，就可以免费注册电话卡并领取免费的花生油和大米。王奶奶听罢，觉得只要多开通一张电话卡就可以领取免费的花生油和大米，何乐而不为，便主动提供了身份证号码。工作人员告知王奶奶，因为她年纪比较大，电话卡注册之后可能不懂如何激活，不如先由他们代为处理，之后再将电话卡邮寄给王奶奶。王奶奶想到自己即便拿了电话卡也没什么用，便同意了。随后，王奶奶就向工作人员领取了花生油和大米，兴高采烈地回家了。

几天后，王奶奶看到新闻报道当地抓获了涉嫌侵犯公民个人信息罪的犯罪团伙，正是前几天在小区门口免费派送花生油和大米的“通讯公司工作人员”。王奶奶这时才后知后觉，立即向当地派出所反映了有关情况，在警察的帮助下拿回了当时办理的电话卡，并通过正规渠道进行销毁。

律师说法

近年来，随着互联网的高速发展，利用互联网犯罪的手段也层出不穷，尤其是利用互联网非法获取、出售、提供具有信息发布、即时通讯、支付结算等功能的互联网账号密码、个人生物识别信息等侵害公民个人信息的犯罪，导致许多公民蒙受损失。

本案中，王奶奶遇到的即是利用赠品诱骗公民提供个人信息的侵害个人信息的犯罪。虽然王奶奶是自愿提供个人信息以供办理电话卡，但这些犯罪分子的本意并不是帮助公民开通电话卡，而是故意隐瞒收集公民个人信息的真实用途，恶意收集公民的个人信息，并用于电信网络诈骗犯罪。

《个人信息保护法》第十条规定："任何组织、个人不得非法收集、使用、加工、传输他人个人信息，不得非法买卖、提供或者公开他人个人信息；不得从事危害国家安全、公共利益的个人信息处理活动。"即使是特殊行业可以根据职务需要收集公民个人信息的，也应按照个人信息收集的相关规则，向公民明示收集个人信息的范围、用途等，并应按照法律法规规定，对收集到的公民个人信息进行妥善保管。

除此之外，为了严厉惩治利用公民个人信息进行犯罪的行为，最高人民法院联合最高人民检察院、公安部就利用互联网实施犯罪出台了《关于办理电信网络诈骗等刑事案件适用法律若干问题的意见（二）》，其中明确强调司法机关会进一步依法严厉惩治电信网络诈骗犯罪，包括本案这种利用赠品等诱骗公民提供个人信息的新型犯罪手法，并对其上下游关联犯罪实行全链条、全方位打击，争取保护好人民群众的个人信息。[①]

虽然公民的个人信息受到司法、社会等多方保护，但公民仍需提高保护个人信息的意识，从根源上对自己的个人信息进行保护。

生活小贴士

1. 日常生活中遇到自称“通讯公司”等需要收集个人信息才能提供服务的行业人员应提高警惕，在未确认对方的真实身份以及收集个人信息的用途时，不要盲目因为赠品等相信对方，应提高警惕，先询问对方身份及收集个人信息的用途，在确认之后再予以提供。

2. 若发现自己的个人信息被恶意利用或收集，应及时联系公安机关等相关部门进行处理，配合相关部门进行调查，并积极提供有关线索，将犯罪分子绳之以法。

① 参见《最高人民检察院解读〈关于办理电信网络诈骗等刑事案件适用法律若干问题的意见（二）〉》:《意见（二）》共17条，均是针对新形势下打击治理电信网络诈骗犯罪出现的新情况、新问题，也是聚焦基层司法人员在办案中遇到的突出困难，解决电信网络诈骗犯罪的管辖连接点完善和并案管辖标准，明确涉“两卡”（即手机卡、信用卡）案件中帮助信息网络犯罪活动罪的适用条件以及境外案件办理的实体和程序问题等。《意见（二）》在充分研究基础上，有针对性地提出相应适用法律意见。

法律速递

《个人信息保护法》

第十条　任何组织、个人不得非法收集、使用、加工、传输他人个人信息，不得非法买卖、提供或者公开他人个人信息；不得从事危害国家安全、公共利益的个人信息处理活动。

2 售卖客户信息是否构成犯罪?

小健是某银行的客户经理，和女友在一起八年了，最近正在筹备结婚。工作顺利，家庭美满，本应春风得意的他，最近却染上了一个不良嗜好——赌博。小健迷上了赌博那种以小搏大的快感，从一开始的小赌到后来一发不可收拾。和女友商量婚宴事宜时，小健才发现自己的存款已经空空如也，甚至还在各网贷平台上负债累累。

然而，小健的一位朋友告诉他，他作为银行客户经理，可以借助职务便利，将银行客户的个人信息进行高价出售。面对临近的婚期和不断累积利息的网贷，小健逐渐起了歪心思。通过QQ群，小健联系到了一名自称教育机构负责人的人，以高额的价格把客户信息打包卖给了此人。

后来，银行的某位客户因个人信息遭泄露而险些被诈骗，客户报警之后，银行经过调查发现了小健出售客户信息的行为。

作为收集、保管客户信息的客户经理，却把客户的信息打包卖给第三方，小健的行为构成犯罪吗？

律师说法

《个人信息保护法》第十条规定："任何组织、个人不得非法收集、使用、加工、传输他人个人信息，不得非法买卖、提供或者公开他人个人信息；不得从事危害国家安全、公共利益的个人信息处理活动。"作为金融机构，要办理贷款、储蓄等需要具有高信用度的业务，收集客户的个人信息确实有特定目的和其必要性，但也仅限于办理所需业务，超出特定范围使用个人信息必须得到本人的同意。

在本案中，小健出售客户个人信息是为自己牟利而非办理金融业务所需，而且还导致大量客户信息泄露，险些让客户遭受财产损失，小健的行为侵犯了客户的个人信息安全，并涉嫌犯罪。《刑法》第二百五十三条之一第一款、第二款规定："违反国家有关规定，向他人出售或者提供公民个人信息，情节严重的，处三年以下有期徒刑或者拘役，并处或者单处罚金；情节特别严重的，处三年以上七年以下有期徒刑，并处罚金。违反国家有关规定，将在履行职责或者提供服务过程中获得的公民个人信息，出售或者提供给他人的，依照前款的规定从重处罚。"小健作为金融机构客户经理，属于将自己在履行职责或提供服务过程中获得的公民个人信息出售，符合应加重处罚的情况。

生活小贴士

1. 金融机构等单位掌握着大量的客户个人信息，包括资金、身份信息、住址等，因此更应严格按照法律规定收集、使用与管理客户的个人信息。金融机构可以对内部风险情况开展定期排查，采取与员工签订保密协议等措施加强对客户信息安全保护。

2. 对在履行职务过程中获得的客户信息，应妥善保管，并以特定的目的使用。对与办理业务无关的信息，应及时销毁。

3. 在获取客户个人信息时，应只获取与单位经营活动密切相关的个人信息，不得收集无关且多余的个人信息。

法律速递

《刑法》

第二百五十三条之一　违反国家有关规定，向他人出售或者提供公民个人信息，情节严重的，处三年以下有期徒刑或者拘役，并处或者单处罚金；情节特别严重的，处三年以上七年以下有期徒刑，并处罚金。

违反国家有关规定，将在履行职责或者提供服务过程中获得的公民个人信息，出售或者提供给他人的，依照前款的规定从重处罚。

窃取或者以其他方法非法获取公民个人信息的，依照第一款的规定处罚。

单位犯前三款罪的，对单位判处罚金，并对其直接负责的主管人员和其他直接责任人员，依照各该款的规定处罚。

《个人信息保护法》

第十条　任何组织、个人不得非法收集、使用、加工、传输他人个人信息，不得非法买卖、提供或者公开他人个人信息；不得从事危害国家安全、公共利益的个人信息处理活动。

3　违规帮查住址致女子被前男友上门杀害是否构成犯罪?

况西与赵丽是一对情侣，后因感情不和分手。分手后，况西对赵丽余情未了，一直希望找到赵丽。况西的朋友罗四说，附近有一个手机店老板，自称只需要提供身份证号码和手机号码就可以查到他人住址等个人信息。于是况西在罗四的带领下，找到了手机店老板帮忙查赵丽的暂住地，并给了手机店老板2000元的好处费。

手机店老板收钱之后，当即联系了在当地派出所工作的好友詹三，并将赵丽的手机号码和身份证号码发给了詹三，以“朋友的老婆找不到了”为由，要求詹三帮忙查询赵丽的暂住地。詹三利用当天在派出所值班的机会，使用其他民警插在值班大厅电脑主机上的数字证书调取了相关信息，包括但不限于赵丽的暂住地、酒店消费记录等。

查到赵丽的相关信息后，詹三将信息发给了手机店老板，手机店老板随即转发给了况西。况西在收到赵丽的相关信息后，对赵丽去酒店消费一事非常生气，于是带着水果刀，到暂住地找到了赵丽，并持刀将其杀死。

很快，况西因故意杀人被公安机关抓获，公安机关在审讯期间得知了詹三为况西提供赵丽的暂住地等相关信息，帮助况西找到赵丽的情况。詹三涉嫌侵犯公民个人信息罪，公安机关随即将詹三捉拿归案。

律师说法

国家机关工作人员日常在为公民提供服务或者履行法定职责时，难免会需要收集或处理公民的个人信息。但如果工作人员不遵守法律法规的规定，超越使用或对外泄露公民的个人信息，则涉嫌违法犯罪。

《刑法》第二百五十三条之一第一款、第二款规定，违反国家有关规定，将在履行职责或者提供服务过程中获得的公民个人信息，出售或者提供给他人的，情节严重的，处三年以下有期徒刑或者拘役，并处或者单处罚金；情节特别严重的，处三年以上七年以下有期徒刑，并处罚金，在此量刑范围内从重处罚。

本案中，詹三利用职务便利，擅自将公安机关内部网络中登记的公民个人轨迹电子信息提供给况西，导致况西找到并杀死赵丽。詹三的行为不仅违反了国家有关规定，而且因为帮助况西找到赵丽，造成赵丽的死亡，后果十分严重，其行为构成侵犯公民个人信息罪。

除此之外，詹三的行为还涉及滥用职权罪。《刑法》第三百九十七条第一款规定，国家机关工作人员滥用职权或者玩忽职守，致使公共财产、国家和人民利益遭受重大损失的，处三年以下有期徒刑或者拘役；情节特别严重的，处三年以上七年以下有期徒刑。詹三作为国家机关工作人员，滥用职权，擅自将公民的个人信息泄露出去，让犯罪分子有机可乘，致使无辜公民人身及财产利益遭受重大损失，其行为构成滥用职权罪。

另外，《个人信息保护法》第三十四条规定："国家机关为履行法定职责处理个人信息，应当依照法律、行政法规规定的权限、程序进行，不得超出履行法定职责所必需的范围和限度。"因此，国家机关工作人员在履行职务的过程中，切勿违反法律法规的规定，超出法定范围和限度收集和使用公民的个人信息。

生活小贴士

1. 若家人或朋友在国家机关任职，且有机会接触到公民个人信息，不要因此要求家人或朋友帮忙提供他人的个人信息，此举不仅违反国家相关规定，而且会连累提供帮助的家人或朋友。

2. 若发现自己的个人信息被国家机关工作人员非法使用或泄露，可以向其所在的国家机关或上级机关进行投诉、举报，或者通过诉讼途径解决。

法律速递

《刑法》

第二百五十三条之一　违反国家有关规定，向他人出售或者提供公民个人信息，情节严重的，处三年以下有期徒刑或者拘役，并处或者单处罚金；情节特别严重的，处三年以上七年以下有期徒刑，并处罚金。

违反国家有关规定，将在履行职责或者提供服务过程中获得的公民个人信息，出售或者提供给他人的，依照前款的规定从重处罚。

窃取或者以其他方法非法获取公民个人信息的，依照第一款的规定处罚。

单位犯前三款罪的，对单位判处罚金，并对其直接负责的主管人员和其他直接责任人员，依照各该款的规定处罚。

第三百九十七条　国家机关工作人员滥用职权或者玩忽职守，致使公共财产、国家和人民利益遭受重大损失的，处三年以下有期徒刑或者拘役；情节特别严重的，处三年以上七年以下有期徒刑。本法另有规定的，依照规定。

国家机关工作人员徇私舞弊，犯前款罪的，处五年以下有期徒刑或者拘役；情节特别严重的，处五年以上十年以下有期徒刑。本法另有规定的，依照规定。

《个人信息保护法》

第三十四条　国家机关为履行法定职责处理个人信息，应当依照法律、行政法规规定的权限、程序进行，不得超出履行法定职责所必需的范围和限度。

4 “人肉搜索”是否构成犯罪?

小张和小黄大学毕业后通过相亲成为情侣，但是相处久后发现彼此三观差异很大，三天一小吵，五天一大吵。矛盾越来越多，两人也越来越疏离。小黄发现，小张最近下班特别晚，还总是说有应酬在外过夜。这种事情越来越多，小黄忍不住找机会偷偷看了小张的手机，才发现小张早已和另外一名女性金莲有了亲密关系。震怒之下，小黄偷偷记下了这名女性的联系方式，第二天就找到其公司大闹了一场。小张知道后，和小黄大吵一架，把她说得一文不值。最终两人以分手告终。

次月中旬，小黄发现自己的社交软件里堆满了陌生人的信息，内容大同小异，都是在辱骂她。在朋友告知下，小黄才发现自己的个人信息竟被全部整合出来放到了网上。小黄仔细看了文字后才知道是金莲为了报复自己到其公司闹事，把自己发在微博、朋友圈等社交网络上的照片全部收集起来公布，同时还编造小黄出轨等与事实不符的内容，有意将小黄塑造成“泼妇”的形象。小黄第一次遭遇“人肉搜索”和他人诋毁，十分愤怒，于是将对方诉上法庭。

律师说法

所谓“人肉搜索”，通俗地说，就是以网络媒介，基于搜索引擎或部分知情人提供的信息，去收集特定的人和事的信息，以查找人物身份或者事件真相的一种行为。金莲正是通过微博、朋友圈等社交平台，找出了小黄过往在互联网上留下的蛛丝马迹。“人肉搜索”是否犯罪，就要看“人肉搜索”所搜索出来的信息是什么信息。

根据《个人信息保护法》第十三条，处理个人信息应当取得个人同意，但依照本法规定在合理的范围内处理个人自行公开或者其他已经合法公开的个人信息，不需取得个人同意。本案中，金莲是通过微博、朋友圈等社交平台，找出了小黄过往在互联网上留下的蛛丝马迹，而非通过非法途径获取，即金莲收集的是小黄已经自行公开在社交平台上的个人信息，无须再次征得小黄的同意，其行为不构成侵犯公民个人信息罪。

虽然金莲的行为不构成侵犯公民个人信息罪，但侵害了小黄的名誉权。《民法典》第一千零二十四条第一款规定："民事主体享有名誉权。任何组织或者个人不得以侮辱、诽谤等方式侵害他人的名誉权。"本案中，金莲在公开社交平台上将小黄塑造成"泼妇"的形象，造成他人对小黄的品德、声望等社会评价降低，其行为已经侵害了小黄的名誉权，小黄有权要求金莲消除影响、恢复名誉、赔礼道歉。

生活小贴士

1. 公民要注意保护自己的个人信息，不在社交网络上随意公开自己的敏感个人信息，包括正面照片、家庭住址、行踪轨迹等，避免被居心叵测之人获取而为不法之事。

2. "人肉搜索"不可取，涉及公民敏感个人信息等，可能会构成对他人隐私权的侵犯。如为"人肉搜索"以非法途径获取他人个人信息，还可能要负刑事责任。建议个人不要因私欲罔顾法纪，以非法途径进行报复。

3. 在网上分享生活时，要注意用词，把握尺度。对事实过分夸大扭曲，可能会构成侮辱罪、诽谤罪。

法律速递

《刑法》

第二百四十六条　以暴力或者其他方法公然侮辱他人或者

捏造事实诽谤他人，情节严重的，处三年以下有期徒刑、拘役、管制或者剥夺政治权利。

前款罪，告诉的才处理，但是严重危害社会秩序和国家利益的除外。

通过信息网络实施第一款规定的行为，被害人向人民法院告诉，但提供证据确有困难的，人民法院可以要求公安机关提供协助。

第二百五十三条之一　违反国家有关规定，向他人出售或者提供公民个人信息，情节严重的，处三年以下有期徒刑或者拘役，并处或者单处罚金；情节特别严重的，处三年以上七年以下有期徒刑，并处罚金。

违反国家有关规定，将在履行职责或者提供服务过程中获得的公民个人信息，出售或者提供给他人的，依照前款的规定从重处罚。

窃取或者以其他方法非法获取公民个人信息的，依照第一款的规定处罚。

单位犯前三款罪的，对单位判处罚金，并对其直接负责的主管人员和其他直接责任人员，依照各该款的规定处罚。

《民法典》

第一千零二十四条　民事主体享有名誉权。任何组织或者个人不得以侮辱、诽谤等方式侵害他人的名誉权。

名誉是对民事主体的品德、声望、才能、信用等的社会评价。

《个人信息保护法》

第十三条　符合下列情形之一的，个人信息处理者方可处理个人信息：

（一）取得个人的同意；

（二）为订立、履行个人作为一方当事人的合同所必需，或者按照依法制定的劳动规章制度和依法签订的集体合同实施人力资源管理所必需；

（三）为履行法定职责或者法定义务所必需；

（四）为应对突发公共卫生事件，或者紧急情况下为保护自然人的生命健康和财产安全所必需；

（五）为公共利益实施新闻报道、舆论监督等行为，在合理的范围内处理个人信息；

（六）依照本法规定在合理的范围内处理个人自行公开或者其他已经合法公开的个人信息；

（七）法律、行政法规规定的其他情形。

依照本法其他有关规定，处理个人信息应当取得个人同意，但是有前款第二项至第七项规定情形的，不需取得个人同意。

第二十八条　敏感个人信息是一旦泄露或者非法使用，容易导致自然人的人格尊严受到侵害或者人身、财产安全受到危害的个人信息，包括生物识别、宗教信仰、特定身份、医疗健康、金融账户、行踪轨迹等信息，以及不满十四周岁未成年人的个人信息。

只有在具有特定的目的和充分的必要性，并采取严格保护措施的情形下，个人信息处理者方可处理敏感个人信息。

第二十九条　处理敏感个人信息应当取得个人的单独同意；法律、行政法规规定处理敏感个人信息应当取得书面同意的，从其规定。

5 调查公司接受他人委托跟踪偷拍是否构成犯罪?

老王和老李在北京经营某调查公司，该公司的营业范围包括接受他人的委托，以跟踪、安装定位系统、拍照、录像等方式，对被调查对象的生活交往和行踪轨迹进行实时监测和调查。二人通过网络、街头小广告等形式招揽“婚恋调查”的生意。

吴晴怀疑自己的丈夫杜宇出轨，想要查个水落石出，但苦于一直找不到有力的证据。一天，吴晴无意中发现了调查公司的广告信息，便雇请老王和老李两人通过跟踪、偷拍等方式进行“取证”。不出所料，老王和老李通过连续几日的跟踪，掌握了杜宇出轨的“确凿证据”。委托期间，老王和老李在杜宇的车尾部底板安装了车载定位器，以文字、图片、视频等方式一共向吴晴提供的杜宇的行踪轨迹、生活交往信息高达 60 多条。事成之后，吴晴按照约定向二人支付了佣金 5 万元。

得到丈夫的出轨证据后，吴晴便立即与杜宇办理了离婚手续，并将杜宇的不良事迹在朋友圈里四处宣扬。杜宇心想事已至此，倒不如鱼死网破，便向有关部门举报。不久，老王和老李被抓获归案，随后，公诉机关指控其二人涉嫌侵犯公民个人信息罪，向法院提起公诉。

律师说法

《刑法》第二百五十三条之一规定："违反国家有关规定，向他人出售或者提供公民个人信息，情节严重的，处三年以下有期徒刑或者拘役，并处或者单处罚金；情节特别严重的，处三年以上七年以下有期徒刑，并处罚金。违反国家有关规定，将在履行职责或者提供服务过程中获得的公民个人信息，出售或者提供给他人的，依照前款的规定从重处罚。窃取或者以其他方法非法获取公民个人信息的，依照第一款的规定处罚。单位犯前三款罪的，对单位判处罚金，并对其直接负责的主管人员和其他直接责任人员，依照各该款的规定处罚。"除此之外，《治安管理处罚法》第四十二条也规定，偷窥、偷拍、窃听、散布他人隐私的，处五日以下拘留或者500元以下罚款；情节较重的，处五日以上十日以下拘留，可以并处500元以下罚款。

本案中，老王和老李非法获取、出售、提供杜宇行踪轨迹信息、通信内容60多条，满足“非法获取、出售或者提供行踪轨迹信息、通信内容、征信信息、财产信息五十条以上”的立案标准，构成了侵犯公民个人信息罪，应被追究刑事责任。

生活小贴士

因为婚恋感情问题，公民个人为了调查自己的亲属和朋友，委托社会上的调查公司做私人调查所获得的个人信息，因为侵犯了他人隐私权和个人信息权益，若作为证据使用很可能不会被法院所认可。

法律速递

《刑法》

第二百五十三条之一　违反国家有关规定，向他人出售或者提供公民个人信息，情节严重的，处三年以下有期徒刑或者拘役，并处或者单处罚金；情节特别严重的，处三年以上七年以下有期徒刑，并处罚金。

违反国家有关规定，将在履行职责或者提供服务过程中获得的公民个人信息，出售或者提供给他人的，依照前款的规定从重处罚。

窃取或者以其他方法非法获取公民个人信息的，依照第一款的规定处罚。

单位犯前三款罪的，对单位判处罚金，并对其直接负责的主管人员和其他直接责任人员，依照各该款的规定处罚。

《治安管理处罚法》

第四十二条 有下列行为之一的，处五日以下拘留或者五百元以下罚款；情节较重的，处五日以上十日以下拘留，可以并处五百元以下罚款：

（一）写恐吓信或者以其他方法威胁他人人身安全的；

（二）公然侮辱他人或者捏造事实诽谤他人的；

（三）捏造事实诬告陷害他人，企图使他人受到刑事追究或者受到治安管理处罚的；

（四）对证人及其近亲属进行威胁、侮辱、殴打或者打击报复的；

（五）多次发送淫秽、侮辱、恐吓或者其他信息，干扰他人正常生活的；

（六）偷窥、偷拍、窃听、散布他人隐私的。

6 在校教职人员利用职务之便出卖学生信息给校外辅导机构是否构成犯罪?

老欧是文华中学的老师，参与了学校招生咨询的工作。在此期间，开办校外培训机构的好友老郑联系到了他，声称最近几年生意实在不好做，希望欧老师能够“照顾照顾”。在沟通的过程中，老欧表示自己手里掌握了高一35个班，大约1500名学生的个人信息，其中包括学生所在班级的成绩单、家长姓名以及家长联系方式等。为了保证信息的真实性，老郑当场拨通了其中几位家长的电话，经过随机核实后确认了信息的真实性。第二天，老欧又给老郑发来了一份最新版本的学生情况登记表，其中包含的信息更为详细，甚至涉及了学生父母的工作单位和职务等，信息总计15000余条。其后老郑表示可以以3万元的价格购买，老欧认为有利可图，便如约进行了私下交易。

律师说法

教职人员任教期间，会接触到很多学生及其家长的个人信息，在此过程中难免会碰到别有用心的组织或个人试图通过各种途径获取这些信息的情况，但该行为不仅违反了《个人信息保护法》的相关规定，情节严重的，还可能涉嫌犯罪。

《个人信息保护法》第十条规定："任何组织、个人不得非法收集、使用、加工、传输他人个人信息，不得非法买卖、提供或者公开他人个人信息；不得从事危害国家安全、公共利益的个人信息处理活动。"所以，无论是文华中学还是在校教职人员，在未征得学生及其监护人同意的前提下均不得处理学生个人信息；亦不得非法提供、买卖学生个人信息。本案中，老欧向好友老郑出售学生个人信息的行为违反了上述规定。

《刑法》第二百五十三条之一第一款规定，“违反国家有关规定，向他人出售或者提供公民个人信息，情节严重的，处三年以下有期徒刑或者拘役，并处或者单处罚金；情节特别严重的，处三年以上七年以下有期徒刑，并处罚金。”本案中，教职人员老欧出售的学生个人信息数量达到5000条以上，根据《最高人民法院、最高人民检察院关于办理侵犯公民个人信息刑事案件适用法律若干问题的解释》第五条的相关规定，可以认定为符合《刑法》第二百五十三条之一规定的“情节严重”，因此老欧的行为涉嫌侵犯公民个人信息罪。而且，根据《刑法》第二百五十三条之一第二款的规定，“将在履行职责或者提供服务过程中获得的公民个人信息，出售或者提供给他人的，依照前款的规定从重处罚”，老欧作为文华中学的教职人员，将其在负责学生招生工作过程中获得的学生个人信息进行买卖，亦属于侵犯公民个人信息罪的从重处罚情节。

生活小贴士

1. 教职人员在履职的过程中，若收到亲戚好友甚至陌生人的请求，希望提供公民个人信息的，应当予以拒绝，对于违反国家相关规定的组织、个人，公民可以向教育局以及工商管理部门予以举报。

2. 作为学生家长，如若发现子女的个人信息遭非法泄露、公开、买卖，可以向公安局报案。除此之外，学生家长作为法定代理人，还可以提起民事诉讼，主张子女的个人信息保护权益。

法律速递

《刑法》

第二百五十三条之一　违反国家有关规定，向他人出售或者提供公民个人信息，情节严重的，处三年以下有期徒刑或者拘役，并处或者单处罚金；情节特别严重的，处三年以上七年以下有期徒刑，并处罚金。

违反国家有关规定，将在履行职责或者提供服务过程中获得的公民个人信息，出售或者提供给他人的，依照前款的规定从重处罚。

窃取或者以其他方法非法获取公民个人信息的，依照第一款的规定处罚。

单位犯前三款罪的，对单位判处罚金，并对其直接负责的主管人员和其他直接责任人员，依照各该款的规定处罚。

《个人信息保护法》

第十条　任何组织、个人不得非法收集、使用、加工、传输他人个人信息，不得非法买卖、提供或者公开他人个人信息；不得从事危害国家安全、公共利益的个人信息处理活动。

《最高人民法院、最高人民检察院关于办理侵犯公民个人信息刑事案件适用法律若干问题的解释》

第五条第一款 非法获取、出售或者提供公民个人信息，具有下列情形之一的，应当认定为刑法第二百五十三条之一规定的“情节严重”：

（一）出售或者提供行踪轨迹信息，被他人用于犯罪的；

（二）知道或者应当知道他人利用公民个人信息实施犯罪，向其出售或者提供的；

（三）非法获取、出售或者提供行踪轨迹信息、通信内容、征信信息、财产信息五十条以上的；

（四）非法获取、出售或者提供住宿信息、通信记录、健康生理信息、交易信息等其他可能影响人身、财产安全的公民个人信息五百条以上的；

（五）非法获取、出售或者提供第三项、第四项规定以外的公民个人信息五千条以上的；

（六）数量未达到第三项至第五项规定标准，但是按相应比例合计达到有关数量标准的；

（七）违法所得五千元以上的；

（八）将在履行职责或者提供服务过程中获得的公民个人信息出售或者提供给他人，数量或者数额达到第三项至第七项规定标准一半以上的；

（九）曾因侵犯公民个人信息受过刑事处罚或者二年内受过行政处罚，又非法获取、出售或者提供公民个人信息的；

（十）其他情节严重的情形。

7 以“颜值检测”为名收集用户面部识别信息是否构成犯罪？

李林是一名程序员，精通软件编程，他设计了一款可以进行“颜值检测”的 App。该 App 的主要功能为用户可以上传照片至 App，App 通过识别照片，为照片中的人物进行“颜值检测”并打分。打分并无任何科学依据，纯粹由系统随机给予分数。

李林将该 App 上传至网络，供大家下载。App 一经上架就受到了网友的热烈追捧。许多网友纷纷下载 App，并上传照片求打分。李林也因此收集了用户照片近千张，其中包括用户的身份证照片、驾驶证照片等。

李林随即将收集到的用户照片以及根据用户照片可以提取的用户个人信息总结分类，整理成一份文件，分享到 QQ 群聊，供群友免费下载。QQ 群聊里正巧有一位群友是使用过该“颜值检测”App 的用户，他发现自己的照片在未经自己同意的情况下被李林公之于众，认为李林侵犯了他的个人信息权益，便立刻报警处理。

律师说法

随着“颜值经济”的盛行，越来越多人开始重视“颜值”。“颜值经济”衍生了许多以“颜值”为主要生产力的产业，同时也为不法分子带来了新的犯罪空间。以“颜值检测”为名收集用户照片，再将收集到的用户照片提供给他人或向他人出售，实际上侵犯了公民的个人信息权益，属于犯罪行为。

《个人信息保护法》第十条规定：“任何组织、个人不得非法收集、使用、加工、传输他人个人信息，不得非法买卖、提供或者公开他人个人信息；不得从事危害国家安全、公共利益的个人信息处理活动。”如果违反国家有关规定，向他人出售或者提供公民个人信息，构成侵犯公民个人信息罪。情节严重的，处三年以下有期徒刑或者拘役，并处或者单处罚金；情节特别严重的，处三年以上七年以下有期徒刑，并处罚金。

本案中，李林研发“颜值检测”App，假借“颜值检测”之名，收集用户照片以及根据照片可提取的个人信息，并在未经用户同意的情况下，私自将收集到的个人信息非法提供给他人，李林的行为实际上构成侵犯公民个人信息罪。

虽然李林并未以提供个人信息给他人牟利，但是侵犯公民个人信息罪不以牟利为前提。像李林这样的个人信息收集者，只要对外非法提供收集到的公民个人信息，即便未因此获得经济利益，也属于侵犯公民个人信息权益的行为。

生活小贴士

1. 对于需要收集个人信息的App，应先了解清楚其收集个人信息的用途，尤其是需要收集照片、指纹等敏感个人信息的。不要轻信“颜值检测”“面相算命”等没有科学依据的噱头，应该理性对待。

2. 若发现App存在恶意收集个人信息的情况，可以向网信部门或其他有关部门举报，要求相关部门对恶意泄露个人信息者或者非法使用个人信息的App进行处理。

法律速递

《刑法》

第二百五十三条之一　违反国家有关规定，向他人出售或者提供公民个人信息，情节严重的，处三年以下有期徒刑或者拘役，并处或者单处罚金；情节特别严重的，处三年以上七年以下有期徒刑，并处罚金。

违反国家有关规定，将在履行职责或者提供服务过程中获得的公民个人信息，出售或者提供给他人的，依照前款的规定从重处罚。

窃取或者以其他方法非法获取公民个人信息的，依照第一款的规定处罚。

单位犯前三款罪的，对单位判处罚金，并对其直接负责的主管人员和其他直接责任人员，依照各该款的规定处罚。

《个人信息保护法》

第十条　任何组织、个人不得非法收集、使用、加工、传输他人个人信息，不得非法买卖、提供或者公开他人个人信息；不得从事危害国家安全、公共利益的个人信息处理活动。

第五章

公民个人信息的行政保护

1 打车软件过度收集用户信息，行政机关应怎样履行监管职责？

王山住在距离公司30公里外的郊区，每天都靠打车软件打车去上班。然而，这个星期王山一如既往使用打车软件时，却发现经常使用的打车软件被下架了。王山很郁闷，只得打电话给客服询问发生了什么事情。客服回复称公司被行政机关约谈，打车软件也被要求暂时下架。

王山百思不得其解，为什么惯用的打车软件会突然被下架？后来王山看电视的时候发现各大新闻媒体都在报道此事。媒体报道称该打车软件被下架的原因是过度收集用户的个人信息，且未经用户同意即将收集到的用户个人信息泄露给第三方，因此，行政机关约谈了该打车软件的经营者，勒令其下架整改，否则将取缔经营资格。王山这才明白为什么自己在使用该打车软件的这段时间里会接到那么多的骚扰电话。

一个月后，王山发现该打车软件再次上架，并且向所有用户赠予优惠券以表示歉意。王山为了测试整改后的打车软件是否合规，便让家人尝试注册一个新账号。王山发现，整改后的打车软件在注册新账号时，已取消了过往需要收集用户生日、地址等个人信息的要求。

律师说法

随着国家对公民个人信息保护的重视，同时也为了防范国家数据安全遭到侵害，国家行政机关对于网络打车平台等线上服务软件进行网络安全审查，严打侵害公民个人信息的行为，一旦发现即勒令下架整改。

《个人信息保护法》第六十四条规定："履行个人信息保护职责的部门在履行职责中，发现个人信息处理活动存在较大风险或者发生个人信息安全事件的，可以按照规定的权限和程序对该个人信息处理者的法定代表人或者主要负责人进行约谈，或者要求个人信息处理者委托专业机构对其个人信息处理活动进行合规审计。个人信息处理者应当按照要求采取措施，进行整改，消除隐患。履行个人信息保护职责的部门在履行职责中，发现违法处理个人信息涉嫌犯罪的，应当及时移送公安机关依法处理。"

本案中，王山所使用的打车软件过度收集用户的个人信息，且未经用户同意即将收集到的用户个人信息泄露给第三方，其行为已经严重侵害公民的个人信息权益。行政监管部门发现这种行为，有权第一时间采取行政监管措施，包括但不限于约谈、勒令下架整改等。

行政机关作为国家公权力机关，肩负着保护公民个人信息安全的职责。因此行政机关若发现在商业经营过程中经营者存在侵害公民个人信息安全行为时，应发挥其监管职能，及时约谈相关经营者，勒令其下架整改，按照要求采取措施消除隐患，还有权要求其委托专业机构对其个人信息处理活动进行合规审计，为公民营造良好的消费环境。

生活小贴士

1. 公民在使用打车平台等线上服务软件时，发现个人信息被过度收集或非法使用时，可以向相关行政监管部门举报，要求行政监管部门介入调查。相关部门若经调查发现软件经营者存在非法收集或使用个人信息行为，应要求其下架整改，否则不予投入市场。

2. 作为电商平台的经营者，要积极履行“定期合规审计义务”，定期对其处理用户信息遵守法律、行政法规的情况进行合规审计，确保经营过程的合法合规。

3. 行政监管部门应主动履行行政监管职能，一旦发现经营者在经营过程中存在非法使用或收集公民个人信息的行为，应及时约谈相关经营者，采取相应措施。如果经营者在经约谈后再犯，应在法律规定的范围内给予处罚。

法律速递

《个人信息保护法》

第六十四条　履行个人信息保护职责的部门在履行职责中，

发现个人信息处理活动存在较大风险或者发生个人信息安全事件的，可以按照规定的权限和程序对该个人信息处理者的法定代表人或者主要负责人进行约谈，或者要求个人信息处理者委托专业机构对其个人信息处理活动进行合规审计。个人信息处理者应当按照要求采取措施，进行整改，消除隐患。

履行个人信息保护职责的部门在履行职责中，发现违法处理个人信息涉嫌犯罪的，应当及时移送公安机关依法处理。

2 行政机关如何进行互联网个人信息保护的管理与监督？

2021 年 7 月 2 日，网络安全审查办公室发布了《关于对“滴滴出行”启动网络安全审查的公告》，宣布对“滴滴出行”实施网络安全审查，审查期间“滴滴出行”停止新用户注册。7 月 4 日，国家互联网信息办公室（以下简称网信办）发布《关于下架“滴滴出行”App 的通报》，7 月 9 日，网信办又发布了《关于下架“滴滴企业版”等 25 款 App 的通报》，两份通报均称：相关 App 存在严重违法违规收集使用个人信息问题，网信办已通知应用商店下架相关 App，要求相关运营者严格按照法律要求，参照国家有关标准，认真整改存在的问题，切实保障广大用户个人信息安全。

工业和信息化部信息通信管理局（以下简称信息通信管理局）于 2021 年 12 月 9 日发布《关于下架侵害用户权益 APP 名

单的通报》，通报称："依据《个人信息保护法》《网络安全法》等相关法律要求，我部组织对上述共计106款APP进行下架，相关应用商店应在本通报发布后，立即组织对名单中应用软件进行下架处理。针对部分违规情节严重、拒不整改的APP，属地通信管理局应对APP运营主体依法予以行政处罚。"

律师说法

《民法典》第一百一十一条规定，自然人的个人信息受法律保护。但《民法典》仅对个人信息的概念、范围以及公民的权利等问题作出了概念性和原则性的规定，至于由哪些行政机构负责对个人信息保护工作进行监督与管理，并无规定。而《个人信息保护法》在《民法典》实施后相应出台，在第六章规定了履行个人信息保护职责的部门、各自的职责分工以及有权采取的执法措施。

《个人信息保护法》第六十条规定："国家网信部门负责统筹协调个人信息保护工作和相关监督管理工作。国务院有关部门依照本法和有关法律、行政法规的规定，在各自职责范围内负责个人信息保护和监督管理工作。县级以上地方人民政府有关部门的个人信息保护和监督管理职责，按照国家有关规定确定。前两款规定的部门统称为履行个人信息保护职责的部门。"而对于履行个人信息保护职责的部门，根据《个人信息保护法》第六十一条规定，主要有以下职责:（1）开展个人信息保护宣传教育，指导、监督个人信息处理者开展个人信息保护工作;（2）接受、处理与个人信息保护有关的投诉、举报;（3）组织对应用程序等个人信息保护情况进行测评，并公布测评结果;（4）调查、处理违法个人信息处理活动。网信办是目前法律规定的个人信息保护的职能管理部门，因此在应用程序涉及违法收集和处理个人信息时，网信办有权进行调查并要求运营方进行整改，信息通信管理局作为通信行业的主管部门，也有权对违法违规的应用程序进行下架处理。

当履行个人信息保护职责的部门发现个人信息处理者在收集和处理个人信息时有较大风险或者发生信息安全事件时，可以对个人信息处理者行政约谈或要求强制合规审计，对其进行调查和整改。

生活小贴士

根据《个人信息保护法》第六十五条第二款的规定，履行个人信息保护职责的部门应当公布接受投诉、举报的联系方式。如果个人在日常使用网络应用程序或软件时发现自己的个人信息被违法收集和处理，可以向网信办投诉。目前，网信办公布了以下方式供社会大众投诉举报违反法律法规的个人信息处理活动：

1. 登录举报中心官方网站 www.12377.cn 举报；

2. 下载安装“网络举报”应用程序举报；

3. 关注“国家网信办举报中心”微信公众号或官方微博，在公众号或官方微博中找到举报窗口举报；

4. 拨打互联网违法和不良信息举报电话 12377 举报；

5. 将举报信息发送至国家网信办举报邮箱 jubao@12377.cn 举报。

法律速递

《民法典》

第一百一十一条　自然人的个人信息受法律保护。任何组织或者个人需要获取他人个人信息的，应当依法取得并确保信息安全，不得非法收集、使用、加工、传输他人个人信息，不得非法买卖、提供或者公开他人个人信息。

《个人信息保护法》

第六十条　国家网信部门负责统筹协调个人信息保护工作和相关监督管理工作。国务院有关部门依照本法和有关法律、行政法规的规定，在各自职责范围内负责个人信息保护和监督管理工作。

县级以上地方人民政府有关部门的个人信息保护和监督管

理职责，按照国家有关规定确定。

前两款规定的部门统称为履行个人信息保护职责的部门。

第六十一条　履行个人信息保护职责的部门履行下列个人信息保护职责：

（一）开展个人信息保护宣传教育，指导、监督个人信息处理者开展个人信息保护工作；

（二）接受、处理与个人信息保护有关的投诉、举报；

（三）组织对应用程序等个人信息保护情况进行测评，并公布测评结果；

（四）调查、处理违法个人信息处理活动；

（五）法律、行政法规规定的其他职责。

第六十五条　任何组织、个人有权对违法个人信息处理活动向履行个人信息保护职责的部门进行投诉、举报。收到投诉、举报的部门应当依法及时处理，并将处理结果告知投诉、举报人。

履行个人信息保护职责的部门应当公布接受投诉、举报的联系方式。

《网络安全审查办公室关于对“滴滴出行”启动网络安全审查的公告》

为防范国家数据安全风险，维护国家安全，保障公共利益，依据《中华人民共和国国家安全法》《中华人民共和国网络安全法》，网络安全审查办公室按照《网络安全审查办法》，对“滴滴出行”实施网络安全审查。为配合网络安全审查工作，防范风险扩大，审查期间“滴滴出行”停止新用户注册。

《关于下架“滴滴企业版”等25款App的通报》

根据举报，经检测核实，“滴滴企业版”等25款App存在严重违法违规收集使用个人信息问题。国家互联网信息办公室依据《中华人民共和国网络安全法》相关规定，通知应用商店下架上述25款App，要求相关运营者严格按照法律要求，参照国家有关标准，认真整改存在的问题，切实保障广大用户个人信息安全。各网站、平台不得为“滴滴出行”和“滴滴企业版”等上述25款已在应用商店下架的App提供访问和下载服务。

3 行政机关可以公开公民的全部个人信息吗？

某地方政府在实施征地过程中，对黄小华作出《房屋征收补偿决定》，并在征地范围内张贴公告。黄小华认为，该《房屋征收补偿决定》包含本人完整的身份证号码，张贴出来会泄露自己的身份证信息，多次要求去掉其身份证号码或者隐去身份证号码中的部分数字。

政府则认为，实施涉案征收行为过程中获取的公民身份信息，是补偿决定的内容之一。政府依法公开房屋征收补偿决定时，在房屋征收范围内公开公民个人身份信息，并不违反法律规定。于是，黄小华以政府张贴公告《房屋征收补偿决定》泄露了他的个人信息为由提起行政诉讼。本案经过诉讼，法院终审判决政府直接将黄小华的身份证号码予以公开的行为不当，确认政府在公告的《房屋征收补偿决定》中将黄小华全部身份证号码公开的行为属违法。

律师说法

《个人信息保护法》第二条规定："自然人的个人信息受法律保护，任何组织、个人不得侵害自然人的个人信息权益。"这里的"任何组织"，包含了国家公权力机关。这就意味着，行政机关在行政执法过程中，作为个人信息处理者，与公民之间就个人信息处理所形成的法律关系也受到法律的约束。

根据《民法典》及《个人信息保护法》的相关规定，公民的身份证号码属于个人信息。在本案中，虽然房屋征收的相关信息属于《政府信息公开条例》中规定的政府应当主动公开的政府信息，但是房屋征收信息中包含的黄小华的身份证号码属于个人信息。

根据《民法典》第一千零三十五条的规定，公开个人信息，应征得该自然人或者其监护人同意，但是法律、行政法规另有规定的除外。同时，《政府信息公开条例》第十五条规定："涉及商业秘密、个人隐私等公开会对第三方合法权益造成损害的政府信息，行政机关不得公开。但是，第三方同意公开或者行政机关认为不公开会对公共利益造成重大影响的，予以公开。”因此，在黄小华曾明确表示拒绝政府公开本人身份证号码并且不公开黄小华的身份证号码并不会对公共利益造成损害的情况下，政府依然直接将黄小华的身份证号码予以公开，该行为侵害了黄小华的个人信息权益。

行政机关在公开政府信息前，应当对拟公开的政府信息进行审查。如果含有如公民身份证号码、联系电话等属于个人信息的内容或者不属于政府信息的内容，并且能够作出区分的，行政机关在公开信息之前，应对该部分内容作必要的技术性隐匿处理或不予公开。

生活小贴士

1. 公民应增强个人信息保护的法律意识，如果发现行政机关在信息公开工作中侵犯了本人合法权益，可以向上一级行政机关或者政府信息公开工作主管部门投诉、举报。

2. 公民如果认为行政机关的信息公开侵犯其个人信息权益的，可以自知道个人信息权益被侵犯之日起六十日内向上一级行政机关提出行政复议申请；对行政复议决定不服的，可以在收到复议决定书之日起十五日内向法院提起诉讼。公民亦可不经过行政复议，自知道或者应当知道个人信息权益被侵犯之日起六个月内直接提出行政诉讼。

法律速递

《民法典》

第一千零三十四条　自然人的个人信息受法律保护。

个人信息是以电子或者其他方式记录的能够单独或者与其他信息结合识别特定自然人的各种信息，包括自然人的姓名、出生日期、身份证件号码、生物识别信息、住址、电话号码、电子邮箱、健康信息、行踪信息等。

个人信息中的私密信息，适用有关隐私权的规定；没有规定的，适用有关个人信息保护的规定。

第一千零三十五条　处理个人信息的，应当遵循合法、正当、必要原则，不得过度处理，并符合下列条件：

（一）征得该自然人或者其监护人同意，但是法律、行政法规另有规定的除外；

（二）公开处理信息的规则；

（三）明示处理信息的目的、方式和范围；

（四）不违反法律、行政法规的规定和双方的约定。

个人信息的处理包括个人信息的收集、存储、使用、加工、传输、提供、公开等。

《个人信息保护法》

第二条　自然人的个人信息受法律保护，任何组织、个人不得侵害自然人的个人信息权益。

第四条　个人信息是以电子或者其他方式记录的与已识别或者可识别的自然人有关的各种信息，不包括匿名化处理后的信息。

个人信息的处理包括个人信息的收集、存储、使用、加工、传输、提供、公开、删除等。

《政府信息公开条例》

第十五条　涉及商业秘密、个人隐私等公开会对第三方合法权益造成损害的政府信息，行政机关不得公开。但是，第三方同意公开或者行政机关认为不公开会对公共利益造成重大影响的，予以公开。

第二十一条　除本条例第二十条规定的政府信息外，设区的市级、县级人民政府及其部门还应当根据本地方的具体情况，主动公开涉及市政建设、公共服务、公益事业、土地征收、房屋征收、治安管理、社会救助等方面的政府信息；乡（镇）人民政府还应当根据本地方的具体情况，主动公开贯彻落实农业农村政策、农田水利工程建设运营、农村土地承包经营权流转、宅基地使用情况审核、土地征收、房屋征收、筹资筹劳、社会救助等方面的政府信息。

4 公众知情权与公民隐私权两者发生冲突时，涉及政府信息公开应当如何处理?

陈杨因为家庭收入较低，向当地房管局申请廉租住房。房管局在审查了陈杨的申请材料后，认为陈杨的家庭人均居住面积不符合申请廉租住房的条件，所以未批准陈杨的申请。

在一次同学聚会中，陈杨了解到自己的一个同学在同一时期获得了廉租住房的名额，他不明白自己的家庭情况和他同学的家庭情况相仿，为什么自己无法获批？而房管局在审核和确定谁有资格申请廉租住房时，是否有统一的标准？房管局批准的申请人情况和自己是否有所不同？陈杨于是向房管局申请信息公开，要求房管局公开廉租房的分配信息并公开所有享受该住房住户的审查资料信息（包括户籍、家庭人均收入和家庭人均住房面积等）。房管局认为公布住户的资料信息侵犯了他人的隐私，不同意公开。陈杨于是向法院提起诉讼，要求房管局公开相关资料。

一审法院判决认为，陈杨要求公开的政府信息包含享受保障性住房人的户籍、家庭人均收入、家庭人均住房面积等内容，此类信息涉及公民的个人隐私，不应予以公开，判决驳回陈杨的诉讼请求。陈杨不服提起上诉，二审法院认为政府保障性住房分配情况原本就需要公开公示，申请人申请保障性住房时应视为已经同意公开自己的个人信息。另外申请人申报的户籍、家庭人均收入、家庭人均住房面积等情况均是其能否享受保障性住房的基本条件，其必然要向主管部门提供符合相应条件的个人信息以接受审核。当涉及公众利益的知情权和监督权与保障性住房申请人一定范围内的个人隐私相冲突时，应首先考量保障性住房的公共属性，获得这一公共资源的公民应让渡部分个人信息权益，遂判决房管局对陈杨的信息公开申请重新作出书面答复。

律师说法

本案的争议焦点在于个人隐私与涉及公共利益的知情权相冲突时，应当如何处理？

《政府信息公开条例》第十五条规定："涉及商业秘密、个人隐私等公开会对第三方合法权益造成损害的政府信息，行政机关不得公开。但是，第三方同意公开或者行政机关认为不公开会对公共利益造成重大影响的，予以公开。"《个人信息保护法》第二十五条规定："个人信息处理者不得公开其处理的个人信息，取得个人单独同意的除外。"在本案中房管局以及一审法院认为陈杨申请廉租房与其他人申请廉租房无关，如果将其他申请人的信息公开给陈杨，属于未经他人同意公开他人的信息，将侵犯他人的隐私权。而二审法院则认为像廉租房这类保障性住房的分配事宜涉及公共资源的分配和公共利益，陈杨申请信息公开是在行使知情权和监督权，而个人隐私属于私人利益，应让渡隐私权来保障属于公共利益的知情权和监督权。

根据法律的精神以及目前的司法裁判意见，当个人利益与公共利益相冲突时，应让渡个人利益而优先保护公共利益。

生活小贴士

1. 行政机关公开政府信息，应当坚持以公开为常态、不公开为例外的原则进行处理，而公民在申请政府信息公开时往往会因为信息中存在他人的个人隐私等原因而被行政机关拒绝，因此公民在申请政府信息公开受阻时可以向法院提起行政诉讼，当自己的申请事项涉及公共利益问题时，法院会判决公共利益应当优先于个人利益。

2. 政府保障性住房的分配涉及公共利益，对于获得保障性住房的申请人需要公示公开信息，所以公民在向政府部门申请保障性住房时提交个人信息资料的行为可视为同意信息公开，政府部门无须再单独获得申请人的同意方可公开信息。

法律速递

《个人信息保护法》

第二十五条　个人信息处理者不得公开其处理的个人信息，

取得个人单独同意的除外。

《政府信息公开条例》

第十五条 涉及商业秘密、个人隐私等公开会对第三方合法权益造成损害的政府信息，行政机关不得公开。但是，第三方同意公开或者行政机关认为不公开会对公共利益造成重大影响的，予以公开。

后　记

互联网技术的发展催生了新生产力的崛起，数字经济时代的到来无声无息间改变了人们的生活方式。身处足不出户便可通过互联网获取信息的大数据时代，个人信息被随意收集、非法使用等情况屡见不鲜，也让我们面临着更多的个人信息泄露风险。在《个人信息保护法》出台前，国家针对个人信息保护的规定散落在不同的法律法规中，而《个人信息保护法》的出台，意味着国家已经建立起个人信息保护的初步法律体系。

近年来，我们团队办理了大量涉及企业个人信息保护合规专项工作，也办理了较多涉及侵犯个人隐私、个人信息的案件。2021 年 11 月，恰逢《个人信息保护法》施行，我们与中国法制出版社合作，通过结合自己办案经验，以通俗易懂的案例故事和律师支招给小贴士的方式，撰写出了这本讲解大家在日常生活和工作中常会遇到的个人信息保护法律问题的普法书。

在这里我们首先要感谢我们的家人，唯有他们的体谅、宽容与支持，我们才能心无旁骛地工作与学习。其次要感谢我们的老师张扬律师，在本书写作过程中他给了我们大力的指导与帮助。感谢吴汉东教授作序，让本书增色不少。最后还要感谢中国法制出版社王佩琳编辑和于昆编辑，两位编辑专业认真，让本书能够顺利出版。

我们才疏学浅，有些问题未及深思熟虑，错误难免，恳请各位读者朋友在阅读本书的过程中不吝指正，当未来有更多的司法解释和法院裁判案例时，我们希望能有机会对本书的内容进行更好的修改和完善。

律师这一职业需要我们投入大量的时间与精力，更需要终身学习。唯有热爱，方可抵岁月漫长！

李梓琪、杨雪

二〇二二年九月于广州

图书在版编目（CIP）数据

公民个人信息保护法律指南/李梓琪，杨雪著．—北京：中国法制出版社，2022.9
ISBN 978-7-5216-2718-3

Ⅰ.①公… Ⅱ.①李…②杨… Ⅲ.①个人信息-法律保护-法律解释-中国 Ⅳ.①D923.75

中国版本图书馆 CIP 数据核字（2022）第 097785 号

责任编辑：王佩琳　　封面设计：李　宁

公民个人信息保护法律指南
GONGMIN GEREN XINXI BAOHU FALÜ ZHINAN

著者/李梓琪，杨雪
经销/新华书店
印刷/三河市国英印务有限公司
开本/880 毫米×1230 毫米　32 开　　印张/7.75　字数/41 千
版次/2022 年 9 月第 1 版　　2022 年 9 月第 1 次印刷

中国法制出版社出版
书号 ISBN 978-7-5216-2718-3　　定价：32.00 元

北京市西城区西便门西里甲 16 号西便门办公区
邮政编码：100053　　传真：010-63141600
网址：http：//www.zgfzs.com　　编辑部电话：010-63141801
市场营销部电话：010-63141612　　印务部电话：010-63141606

（如有印装质量问题，请与本社印务部联系。）